北大版对外汉语教材·阅读教程系列

汉语天天读
（初级篇）
Read Chinese Everyday I

主　编　毛　悦
编　著　胡盈盈　李　芳

北京大学出版社
PEKING UNIVERSITY PRESS

图书在版编目(CIP)数据

汉语天天读.初级篇/毛悦主编.—北京：北京大学出版社，2010.5
(北大版对外汉语教材.阅读教程系列)
ISBN 978-7-301-17184-4

Ⅰ．汉… Ⅱ．毛… Ⅲ．汉语-阅读教学-对外汉语教学-教材 Ⅳ．H195.4

中国版本图书馆CIP数据核字(2010)第080694号

书　　　名：汉语天天读(初级篇)
著作责任者：毛　悦　主编
责 任 编 辑：沈　岚
标 准 书 号：ISBN 978-7-301-17184-4 / H·2502
出 版 发 行：北京大学出版社
地　　　址：北京市海淀区成府路205号　100871
网　　　址：http://www.pup.cn
电　　　话：邮购部 62752015　发行部 62750672　编辑部 62753374　出版部 62754962
电 子 邮 箱：zpup@pup.pku.edu.cn
印　刷　者：北京大学印刷厂
经　销　者：新华书店
　　　　　　787毫米×1092毫米　16开本　12印张　300千字
　　　　　　2010年5月第1版　2010年5月第1次印刷
定　　　价：48.00元(含1张MP3)

未经许可，不得以任何方式复制或抄袭本书之部分或全部内容。
版权所有，侵权必究　举报电话：010-62752024
　　　　　　　　　　电子邮箱：fd@pup.pku.edu.cn

目 录

前　言		1
第一周	我是一个开朗的女孩	1
第二周	春天到了，花开了	15
第三周	南甜、北咸、东辣、西酸	27
第四周	让镜子变干净的办法	39
第五周	自觉遵守乘车秩序	51
第六周	人们越来越重视健康	65
第七周	春节倒贴"福"字	77
第八周	去钱柜唱歌	89
第九周	中国跳水梦之队	103
第十周	儿子最爱听我讲故事	117
第十一周	弄堂是上海的精髓	131
第十二周	金婚老夫妇的地铁婚礼	145
附录一	生词表	159
附录二	语言点	177

前 言

目前面向外国学生的汉语阅读教材大多为精读教材,为满足分技能设课的教学机构在阅读课上使用。而学习者阅读能力的提高只靠课上细读几篇课文是远远不够的。很多教师和学习者都认识到大量的泛读练习,特别是课后,在日常生活中坚持阅读一些汉语读物对于学生汉语阅读能力的提高是非常必要的。如何让外国学习者在轻松的心态下阅读一些汉语文章或读物,如何让他们既提高汉语水平,又了解了中国文化、中国人,帮助他们养成坚持用汉语阅读的习惯,这是《汉语天天读》的编写初衷。

选取一本优秀的阅读教材很重要。一本优秀的阅读教材既能拓宽和加深外国留学生对中国文化和当代社会的了解和理解,也能使他们了解和掌握的汉语语言现象得到梳理,从而对汉语有更加系统的认识。优秀的阅读教材将帮助留学生学好汉语、了解中国。

《汉语天天读》系列课本体现了以学生为中心的思想,着重培养学习者的汉语阅读习惯,提高学习者的快速阅读能力。上本套教材以周为单位,以话题为主线,每周按照周一到周五的时间顺序选取五篇文章,每天一篇文章,五篇文章形成一个小坡度,紧紧围绕话题。除了课文、生词、重要语言点和练习之外,我们还设计了周末总盘点,对本周所学内容加以概括、总结,重现重要内容,使学习者扎实掌握重要语言点。

从选篇角度来看,注重课文内容的现实性,提高学生的学习积极性,使外国留学生在学习汉语的同时,加深对中国社会和中国文化的理解与认识。教材的使用对象是学生。选择课文内容主要从学生的角度来考虑。课文反映当代中国的现实状况、人们的日常生活状况、中国人的思维方式和思想状况等。整个教材的编写和设计形式多样、生动活泼,不仅注意课文体裁的选择,也重视各种练习的设计。通过精心的构思,使教材成为留学生学习汉语、了解中国的引人入胜的"导游图"。在课文体裁方面,有记叙文、说明文、议论文等。

《汉语天天读》系列教材共四册，包括初级篇、准中级篇、中级篇、高级篇。面向海内外汉语作为第二语言学习的学习者，既可以作为阅读课专用教材，也可以作为课外阅读辅助教材，还可以作为自学教材。

初级篇

适合具有初步阅读能力、掌握汉语简单句型和500个左右词汇的学习者。共12周，涉及日常生活、学习、社交等内容。主要目的是让学生了解当代中国人的日常生活。

准中级篇

适合具有基本的阅读能力，掌握汉语主要复句、特殊句式及1000个左右词汇的学习者。共12周，涉及生活、学习、交通、工作、旅游等一般性交际项目。

中级篇

适合具有一般的阅读能力，掌握1500个以上汉语词汇以及汉语语法基础内容的学习者。共12周。涉及家庭、传媒、习俗、社会文化等方面，包括较复杂的文化背景、婚姻、教育、法律、农业、工业、电脑等问题。

高级篇

适合具有较好的阅读能力、掌握2500个以上汉语词汇，能够阅读较复杂句式的学习者。共12周，涉及社会文化、文学艺术、政治经济等较复杂的内容，如中国的建筑、民族、艺术、科学发展等。

《汉语天天读》系列教材体例如下：

1. 课文：以交际话题为纲，每周一个话题，围绕主话题选取课文。编教材的前期我们对即将使用该教材的学习者进行了"需求分析"，选取了不同学习水平的学习者感兴趣的话题，围绕主题选编课文。文章主要选自最新的报纸、杂志、网络等，篇幅短小、生动有趣。突出反映当代中国的社会文化情况。课文按照出现的生词量和语言点难度分级标注，星数越高难度越大。同时根据文章长短和难度注明建议阅读时间，供学习者自己阅读时参考。

2. 小贴士：每篇课文末都有三五句话介绍与本课相关的文化知识，帮助学习课文。通过小贴士，学习者能更好地了解当代中国。

3. 生词：每篇文章末我们列出了该文章的重点词汇，并且配有汉语拼音和英文释义，帮助学习者通过阅读学习新词，扩大词汇量。

4. 重要语言点：本着淡化语法，少用概念和术语，多提供情景、例句、阐明用法的思想,语言现象的注释简明、扼要。配有英文翻译,同时注重用法及使用条件的说明,列出部分例句。

5. 练习:每篇课文后均有练习。练习设计有层次,练习类型多种多样,每个练习都很短,各项练习之间具有一定的内在联系,很多练习以活泼的游戏形式出现。

6. 周末总盘点:每单元(周)结束时,有周末总盘点部分。周末总盘点包括以下几个部分:

(1) 词汇盘点:周末词汇盘点中,我们列出了与本周话题紧密相关的重点词及其主要搭配,旨在帮助学习者更好地掌握词汇的用法。

(2) 玩转周末:我们的练习形式多种多样,如填空、选择、完成句子、替换练习。主要目的是让学生在读完文章后,头脑中留有一些重要的格式与范句,并能达到熟练运用的程度。

(3) 轻松一刻:每个单元后的小笑话都跟那个单元的话题有关,使学生学完一个单元以后在轻松的状态下了解一些中国的习俗和文化。

(4) 在哪儿见过:每单元为学习者提供与该单元话题相关的真实照片,照片上多带有汉字,让学习者通过看照片学习真实的标牌用语,也通过照片了解当代中国。这对于海外学习者来说应该是很有益的。

本教材可用于汉语作为第二语言课堂教学,教师可根据学生水平选取每单元(周)中的重要文章作为精读,其余部分作为泛读;也可直接作为泛读教材,以作业的形式要求学生课下按要求阅读,以提高阅读速度、扩大词汇量、了解中国;还可作为自学教材,自己坚持按教材的时间计划阅读,相信也会在短期内收到很好的效果。

编者
2009年12月

Preface

Read Chinese Everyday is a series of textbooks with an emphasis on improving students' reading skill. This set of books is topic-based, one unit per week. From Monday to Friday, we select five articles for a week with increasing difficulty, including the texts, new vocabulary and important language points related to the topics. We also designed a unit review to summarize and reinforce students' understanding.

In order to enhance students' learning initiative, texts were selected from daily life, contemporary China and the Chinese way of thinking. This not only helps foreign students to study the language, but also learn more about Chinese society and culture. The compilation and design of the books are with diverse texts such as narrative, and argumentative writing. We not only pay attention to the genre of the texts but also the design of the exercises.

Read Chinese Everyday series consists of four volumes, including elementary, sub-intermediate, intermediate and advanced articles, which are for students learning Chinese as a second language in China or abroad, and for use as an extensive reading class, supplementary, or self-study materials.

Elementary

Designed for students with elementary reading ability. The objective is to master simple sentences and learn 500 Chinese characters within 12 weeks. It involves daily life, social and other communication activities. The main purpose is to enable students to understand people's daily life in contemporary China.

Sub-Intermediate

Designed for students with basic reading skills. The objective is to master Chinese, complex sentences, special sentences, and learn 1000 Chinese characters within 12 weeks. It involves life, study, transportation, work, travelling and other communication activities.

Intermediate

Designed for students with general reading skills. The objective is to master more than

1,500 Chinese characters and have a good knowledge of Chinese grammar within 12 weeks. It involves family, media, customs, social and cultural aspects of more complex cultural background, such as marital problems, education, legal issues, agriculture, industry and technology.

Advanced

Designed for students with good reading skills. The objective is to master more than 2,500 Chinese characters, and allow students to use complex sentence patterns and read abstract texts within 12 weeks. It involves social culture, art and literature, politics, economics and other more complex content, such as China's architectural, ethnic, artistic and scientific development.

In each volume of the *Read Chinese Everyday* series:

1. Texts: The texts are topic-centered and provide students with communication. We conducted a "needs analysis" of the learners who will use these books and we selected texts according to their interests. In short, lively and interesting articles are taken mainly from the latest newspapers, magazines and network. The social and cultural context in contemporary China is highlighted. The difficulty of each passage is rated by the amount of new words and the complexity of language points—the more stars the more difficult. Reading time is suggested, based on the length and difficulty of the article.

2. Tips: At the end of each text, there are several sentences describing some text-related cultural knowledge to help the learners understand the text.

3. New words: We list the main words at the end of each article with *pinyin* and the English definition. This allows learners to expand their vocabulary.

4. Important language points: The language points are clarified by clear and concise language, less concepts and terminology, more examples are provided. They are brief and readable, with English translation.

5. Exercises: There are exercises after each text, designed at different levels, including many interesting games.

6. Unit review: there is a unit review at the end of each unit (each week). It includes the following components:

(1) Vocabulary review: main vocabulary ane listed, designed to help learners fully grasp the usage of the term.

(2) Fun weekend: There are diverse exercises in each unit, such as guessing riddles, brainteasers, interesting character games and so on. The main purpose is to enable students to enjoy learning Chinese.

(3) Easy time: The jokes are related to the unit topic, help students understand some Chinese customs and culture in a relaxed way.

(4) Where have you ever seen: It provides learners with real photos with characters

related to the unit topic. Through the photographs, students not only learn the language, but also understand modern society in China. This is indeed very useful for foreign learners.

This material can be used for teaching Chinese as a second language. According to the students, teachers can select articles as intensive reading in each unit (week), and the rest as extensive reading. The texts can also be directly used as extensive reading materials, requiring students to read them within a certain time for improving their reading speed, expand vocabulary, and further understand China. It can also be used as self-learning materials. If the students can read Chinese everyday, their Chinese can surely be improved.

第一周

我是一个开朗的女孩

难度：★★　建议时间：2分钟　字数：110

个人名片

深圳太灵科技发展有限公司

李大伟 销售经理

传真：0755-3123****
电话：0755-8247****
http://www.tailing.com

学生证

照片	院（系）人文（学院） 专业 汉语言文字学 出生日期 1988 年 8 月 入学日期 2008 年 9 月 发证日期 2008 年 9 月 补发日期 ____ 年 __ 月 有效期至 2011 年 7 月
姓名 王雪 学号 0898063 性别 女 年龄 22	

假期乘火车记载	第一学年（一年级）	
	寒假	暑假
	第二学年（二年级）	
学校所在地 北京海淀区	寒假	暑假
家庭所在地 河南省郑州市	第三学年（三年级）	
乘车区间 北京至 郑州	寒假	暑假

小贴士

学生证上面有学校地址（address）、家庭地址和乘车区间，学生可以用学生证买乘车区间的半价火车票和旅游景点（tourist attractions）的半价票。

生词 New words

1. 科技	（名）	kējì	science and technology
2. 发展	（动）	fāzhǎn	to develop
3. 有限	（形）	yǒuxiàn	limited
4. 公司	（名）	gōngsī	company
5. 销售	（名）	xiāoshòu	sale; market
6. 经理	（名）	jīnglǐ	manager
7. 传真	（名）	chuánzhēn	fax
8. 姓名	（名）	xìngmíng	full name
9. 性别	（名）	xìngbié	sex
10. 年龄	（名）	niánlíng	age
11. 学院	（名）	xuéyuàn	the faculty (of)
12. 专业	（名）	zhuānyè	major
13. 入学	（动）	rùxué	to start school
14. 发证		fāzhèng	to award diploma to
15. 补发		bǔfā	to supply again (something lost, etc.); reissue
16. 有效期	（名）	yǒuxiàoqī	expiry date
17. 记载	（动）	jìzǎi	to record
18. 省	（名）	shěng	province
19. 区间	（名）	qūjiān	part of the normal route (of a bus, etc.)

专有名词 Proper names

1. 深圳	Shēnzhèn	name of a place in Guangdong Province

补充词语 Added words

1. 个人名片	gèrén míngpiàn	personal or business cards
2. 销售经理	xiāoshòu jīnglǐ	sales manager
3. 学校所在地	xuéxiào suǒzàidì	School Location
4. 家庭所在地	jiātíng suǒzàidì	home place

学一学 Grammar

所在地   location; locus; seat; site

（1）北京是中华人民共和国政府所在地。
（2）伦敦是英国政府所在地。

(3) 在美国,华盛顿是政府所在地,纽约是主要的商业中心。

 练一练 Exercises

请将下列汉字按音序排列
Arrange the following characters in alphabetical order

销 售 安 宁 经 川

  难度:★★   建议时间:2分钟   字数:117

个人简历

个人信息	姓名	刘芳芳	身高	168厘米	体重	55千克
	民族	汉族	婚姻状况	未婚	籍贯	广州中山
	学校	中山大学中文系	专业	中国文学	学历	本科
联系方式	地址	广东省广州市新港西路135号	E-mail	ttdd2008@sohu.com		
个人能力	英语水平	大学英语六级,英语语音标准,能流利交际				
	汉语水平	普通话二级甲等				
自我评价	自信、乐观、工作认真					

 个人简历包括(include)个人信息、联系方式、个人能力、自我评价等。

生词 New words

1. 籍贯 (名) jíguàn   the place of one's birth or origin; native place
2. 系   (名) xì   a college department

3. 学历　（名）　xuélì　　　　　educational qualifications
4. 本科　（名）　běnkē　　　　undergraduate
5. 标准　（形）　biāozhǔn　　standard
6. 流利　（形）　liúlì　　　　　fluently
7. 评价　（动）　píngjià　　　to assess; to appraise
8. 认真　（形）　rènzhēn　　earnest

补充词语 Added words

1. 个人简历　　　　　gèrén jiǎnlì　　　　　　resume
2. 大学英语六级　　　dàxué yīngyǔ liùjí　　　College English Test Band 6
3. 普通话二级甲等　　pǔtōnghuà èrjí jiǎděng　Two-level Mandarin

学一学 Grammar

1. 系　　department

(1) 历史系
(2) 英语系
(3) 计算机系

2. 能　　can or to be capable of

(1) 马克能说一口流利的汉语。
(2) 我游泳游得很好,能游800米呢。
(3) 我能明白你说的话。

练一练 Exercises

1. 请将下列汉字按时间顺序排列

   Arrange the following characters in chronological order

   博士　初中生　硕士　本科　高中　小学

2. 根据课文内容,判断正误(正确的画√,错误的画×)

   Decide whether the following statements are true(√) or false(×) according to the text

   (1) 刘芳芳毕业于中山大学中文系。
   (2) 刘芳芳的家也在广州中山。
   (3) 刘芳芳的英语水平是大学英语四级,英语语音标准,能流利交际。

(4) 刘芳芳是一个自信、乐观、工作不认真的女孩。
(5) 刘芳芳的身高不到170cm。

难度：★★★　　建议时间：3分钟　　字数：199

自荐信

尊敬的领导：

您好！

我是湖南理工大学大三的学生，专业是商贸英语。我想在这个假期通过实习进一步锻炼自己。在学校里我是个全面发展的学生，除了完成学校的作业之外，我还大量涉猎各方面的知识。通过看报，听广播，看电视，上网，与老师、同学讨论等等，不仅扩大了自己的知识面、还增长了见识，而且我在大学期间也做过销售方面的工作，我相信自己可以胜任这样的工作！请您给我一次机会！谢谢！

祝您：

万事如意！

赵××
×年×月×日
（改编自中国教育资源网）

找工作时除了上交一份个人简历，有时也会写一封自荐信，介绍一下自己。

生词 New words

1. 假期　　（名）　jiàqī　　　　holiday; vacation
2. 进一步　（副）　jìn yí bù　　 further

3. 锻炼	（动）	duànliàn	to temper; to train (oneself)
4. 涉猎	（动）	shèliè	to read or study cursorily; to dabble at (or in)
5. 扩大	（动）	kuòdà	to enlarge; to expand
6. 增长	（动）	zēngzhǎng	to increase; to enhance; to broaden
7. 见识	（名）	jiànshi	experience; knowledge
8. 胜任	（动）	shèngrèn	competent; qualified
9. 万事如意		wànshì rúyì	May all go well with you!

补充词语 Added words

| 1. 自荐信 | zìjiàn xìn | Self Recommendation Letter |
| 2. 商贸英语 | shāngmào yīngyǔ | Business English |

专有名词 Proper names

| 1. 湖南理工大学 | Húnán Lǐgōng Dàxué | Hunan University of Science and Technology |

学一学 Grammar

1. 通过　by means of; by way of

（1）通过几次交往，我发现他是一个很优秀的男孩。
（2）通过这次考试，我发现我的词汇量很小。
（3）我们通过他们的帮助取得了成功。

2. 不仅……而且　not only... but also

（1）格林的汉语说得不仅流利而且准确。
（2）我们的王老师不仅漂亮而且聪明。
（3）这个菜不仅好看而且好吃。

3. V+过

"动词+过"表示曾经有过某种经历，所以只能用于过去，否定式是"没（有）+动词+过"。如果有宾语，宾语在"过"后边。句中常有"从前"、"以前"、"过去"等时间词做状语。

"Verb+过" indicates that one has already undergone a certain experience. This structure is only used for the past action. Its negative form is "没（有）+verb+过". If there is an object, the object is put after "过". In such sentences, time words, such as "从前""以前"and"过去", are often used as adverbials.

（1）我还没吃过北京烤鸭，听说很好吃。

(2) 我听过他的歌,很好听。
(3) 这部电影我看过。

 Exercises

1. 照例子写出汉字的部件
   According to the examples, write down Chinese characters components
   例:张→弓+长

   仅→　　　　销→　　　　进→
   秀→　　　　售→　　　　间→
   等→　　　　荐→　　　　导→

2. 根据课文内容,回答问题
   Answer these questions according to the text
   (1) 我是哪个大学几年级的学生?
   (2) 我为什么要写这封自荐信?
   (3) 通过什么我扩大了知识面,增长了见识?
   (4) 在大学期间我做过什么工作?
   (5) 我的专业是什么?

 难度:★★★　　建议时间:5分钟　　字数:137

秀色Bar贵宾卡

持卡须知:
(1) 此卡是秀色Bar贵宾卡,可享受优惠服务。
(2) 此卡只限本人使用,请在消费时拿出此卡。
(3) 用这张卡消费可享受九折优惠。(套餐及特价饮料不打折)
(4) 贵宾会员生日那天用这张卡消费可得到漂亮的礼物一份。
(5) 此卡在本酒吧预存消费可享受更高优惠,如果有需要请打电话
    010-88888888

(改编自微客网)

你在商场购物、饭馆吃饭、理发店理发等时候,如果消费到一定的钱数,你就会得到一张贵宾卡。下次去消费的时候拿着这张卡就可以便宜一点儿。

生词 New words

1. 此　　（代）　cǐ　　　　　　this
2. 享受　（动）　xiǎngshòu　　to enjoy (rights, benefits, etc.)
3. 优惠　（形）　yōuhuì　　　　preferential; favorable
4. 服务　（名）　fúwù　　　　　service
5. 九折　　　　　jiǔ zhé　　　　ten percent discount
6. 套餐　（名）　tào cān　　　　combo
7. 特价　（名）　tèjià　　　　　a special offer (price); bargain price

补充词语 Added words

1. 贵宾卡　　　guìbīn kǎ　　　　VIP card
2. 持卡须知　　chíkǎ xūzhī　　　Cardholder Information
3. 预存消费　　yùcún xiāofèi　　prestore consumption

学一学 Grammar

1. 只　only

(1) 今天我只学了两个小时汉语。
(2) 在北京,我只有两个好朋友。
(3) 他一个月只挣1000块钱。

2. 更+adj

"更+adj"表示比较级。
The structure "更+adj" indicates comparative degree.
(1) 几天不见,马克的汉语说得更好了。
(2) 我认为他是更合适当班长的人。
(3) 奥运精神是更高、更快、更强。

练一练 Exercises

1. 仿照例子,做词语接龙游戏
According to the examples, play word by word games

例如:邀请——请假——假期——期末——末尾——尾巴

(1) 特价

(2) 生日

(3) 礼物

2. 根据课文内容,判断正误(正确的画√,错误的画×)
Decide whether the following statements are true(√) or false(×) according to the text

(1) 用秀色Bar贵宾卡,套餐及特价饮料可以打折。

(2) 你的秀色Bar贵宾卡也可以让别人使用。

(3) 生日那天去秀色Bar消费可得到一份漂亮的礼物。

(4) 如果你用秀色Bar贵宾卡预存消费可享更高优惠。

(5) 用秀色Bar贵宾卡消费可享受九五折优惠。

(6) 你可以打电话预存消费。

(7) 秀色Bar是一个酒吧店。

难度:★★★★ 建议时间:4分钟 字数:153

征婚启事

女,25岁,上海,168厘米,硕士,未婚

个人独白:

我是一个开朗的女孩,有时候很静,有时候也很闹,有时候甚至很孩子气。我喜欢大海,喜欢音乐,喜欢旅行,喜欢运动,喜欢健康的饮食,喜欢漂亮的家居,喜欢休闲且有情趣的生活,这就是一个真实的我。

征婚要求:

年龄:27到35岁

身高:168到178厘米

学历:硕士

月薪:5000元以上
外貌:50分以上

（改编自珍爱网）

在报纸上、杂志上、网上,有时走在路上,你会看到征婚启事。征婚启事一般写清楚自己的情况,还写明了理想的对象的情况。

生词 New words

1. 硕士	（名）	shuòshì	a Master's degree
2. 未婚	（形）	wèihūn	single; unmarried
3. 独白	（名）	dúbái	a monologue
4. 开朗	（形）	kāilǎng	sanguine; broad-minded and outspoken
5. 静	（形）	jìng	calm; quiet
6. 闹	（形）	nào	noisy
7. 孩子气	（形）	háiziqì	childish
8. 家居	（名）	jiājū	house and home
9. 情趣	（名）	qíngqù	interest; appeal; delight
10. 真实	（形）	zhēnshí	true; real
11. 月薪	（名）	yuèxīn	monthly pay
12. 外貌	（名）	wàimào	looks; appearances

学一学 Grammar

1. 有时候……,有时候……　　sometimes

这是一种排比的用法,表示列举。This is the use of parallelism. It indicates enumeration.

（1）他有时候对我好,有时候对我不好。
（2）我喜欢喝酒,喜欢跳舞,喜欢睡懒觉。
（3）我们班有美国人、有英国人、还有韩国人。

2. 且   both ... and ...; as well (as)

（1）我喜欢帅气且有钱的男人。
（2）她喜欢简单且快乐的生活。
（3）这是一部有意思且让人激动的电影。

练一练 Exercises

1. 你喜欢什么样子的女人／男人？请说一说
   What kind of woman / man do you like? Please say a few words

2. 根据课文内容，选择正确答案
   Choose the correct answer according to the text
   （1）征婚的女孩是哪里人？
      A. 北京   B. 上海   C. 大连   D. 青岛
   （2）下面哪个不是征婚的女孩喜欢的？
      A. 她喜欢音乐   B. 她喜欢旅行
      C. 她喜欢运动   D. 她喜欢喝酒
   （3）下面哪个不是征婚女孩的性格？
      A. 乐观开朗   B. 有时候很孩子气
      C. 有时候爱哭   D. 有时候爱闹
   （4）下面哪个不是征婚女孩喜欢的男孩？
      A. 硕士   B. 月薪8000   C. 30岁   D. 身高165cm

词汇盘点 Key words extended

闹	享受	情趣	评价
闹别扭（矛盾）	享受婚姻生活	增添情趣	评价很低
闹笑话	享受旅游的乐趣	生活情趣	评价历史人物
闹洞房	物质享受	情趣相投	对电影的评价
闹肚子	精神享受	高雅的情趣	自我评价
别闹了	享受不了	没有情趣	评价方法

扩大	见识	胜任
扩大国内需求	见识很广	胜任工作
扩大影响	见识不广	胜任角色
扩大对外贸易	出去见识见识	无法胜任
扩大知识面	增长见识	胜任任务

玩转周末 Fun weekend

轻松一刻 Easy time

推荐信

王亮听说自己被解雇了，便去见人力资源部的主任。"既然我在公司干了这么久，"他说，"我想至少该给我一封推荐信。"

人力资源部主任同意了，并说他第二天就可拿到该信。第二天早上，王亮在他的桌子上看到一封信，上面写道："王亮同志在我们公司干了11年。当他离去的时候，我们很满意。"

（改编自英语路网）

Letter of Recommendation

When Wang Liang learned that he was being fired, he went to see the head of human resources. "Since I've been with the firm for so long," he said, "I think I deserve at least a letter of recommendation."

The human resources director agreed and said he'd have the letter the next day. The following morning, Wang Liang found a letter on his desk. It read, "Wang Liang worked for our company for 11 years. When he left us, we were very satisfied."

在哪儿见过？ Where have you ever seen these pictures?

1. 这是北京语言大学图书馆的借书证：

北京语言大学图书馆
Běijīng yǔyán dàxué túshūguǎn

2. 这是一个身份证(ID)。

住址　　zhùzhǐ　　　　address
河南省　Hénán shěng　Henan Province

	Library of Beijing Language and Culture University	汝南县	Rǔnán xiàn	Runan County
借阅卡	jièyuè kǎ		Library Card
研究生部	yánjiūshēng bù		Graduate School
学号	xuéhào		Student ID

3. 这是一张公交卡,坐公共汽车的时候可以用：

公共交通	gōnggòng jiāotōng	public transport
集团	jítuán	group

4. 这是一个护照：

护照　PASSPORT　　　　类型/Type　　P
国家码/Country Code　CHN　护照号/Passport No.　G123*****
姓/Surname
李/Li
名/Given name
英/Ying
性别/Sex　　　　　　　身份证号码/Identity card No.
女/F　　　　　　　　　46010219900*******
出生日期/Date of birth　出生地点/Place of birth
28 APR. 1990　　　　　广东/GUANGDONG
签发日期/Date of issue　有效期至/Date of expiry
06 FEB. 2009　　　　　05 FEB. 2014
签发地点/Place of issue　广东/GUANGDONG

护照	hùzhào	类型	lèixíng	签发	qiānfā
	passport		type		to issue

答案 Key to the exercises

星期一

安→川→经→宁→售→销

星期二

1. 小学→初中生→高中→本科→硕士→博士

2.（1）√　（2）√　（3）×　（4）×　（5）√

星期三

1. 仅→亻+又　　销→钅+肖　　进→辶+井
   秀→禾+乃　　售→隹+口　　间→门+日
   等→𥫗+寺　　荐→艹+存　　导→巳+寸

2.（1）我是湖南理工大学大三的学生。
　（2）我想在这个假期通过实习进一步锻炼自己。
　（3）通过看报，听广播，看电视，上网，与老师、同学讨论等等，不仅扩大了自己的知识面，还增长了见识。
　（4）在大学期间我做过销售方面的工作。
　（5）我的专业是商贸英语。

星期四

1.（1）特价——价值——值得——得意——意气——气味
　（2）生日——日本——本体——体育——育人——人民
　（3）礼物——物品——品味——味道——道路——路口

2.（1）×　(2) ×　(3) √　(4) √　(5) ×　(6) √　(7) √

星期五

2.（1）B　（2）D　（3）C　（4）D

玩转周末：

第二周

春天到了，花开了

难度：★★　建议时间：2分钟　字数：125

天气预报

北京(Beijing)

今天是2009年5月3日　星期日　四月初九

温度12℃-30℃。白天：晴，夜间：晴。西南风2—3级

运动指数：较不合适

明天天气比较好，但很热，请注意适当减少运动时间并降低运动强度，户外运动注意防晒。

旅游指数：一般

晴天，天气较热，旅游指数一般，建议有选择地到一些景点游玩。

（改编自中国天气网）

如果你想知道明天的天气，你在网上、报纸上可以看到，也可以看电视新闻，还可以打电话12121。

生词 New words

1. 西南风（名）　xīnánfēng　southwest wind
2. 指数　（名）　zhǐshù　index
3. 减少　（动）　jiǎnshǎo　reduce
4. 并　　（连）　bìng　and
5. 强度　（名）　qiángdù　intensity
6. 防晒　（动）　fángshài　to prevent the sun

学一学 Grammar

但…… but; though

（1）我的房间很漂亮，但有点儿小。
（2）他想睡一会儿，但睡不着。
（3）她的眼睛很小，但很漂亮。

练一练 Exercises

1. 在空格中填上一个汉字，使得上下左右能组成一个词
   Fill in the blanks with a character to form a new word around

2. 根据课文内容，判断正误（正确的划√，错误的划×）
   Decide whether the following statements are true(√) or false(×) according to the text
   （1）今天是西北风2—3级。
   （2）今天比较适合户外运动，不用防晒。
   （3）今天的旅游指数一般，因为天气太热。
   （4）今天白天是晴天，晚上是阴天。

难度：★★★ 建议时间：2分钟 字数：186

春 天

　　春天到了，花开了，树发芽了，小草也从地里长出来了。新的一年开始了。
　　春天的阳光照在身上很舒服。风轻轻地吹着，我想放风筝肯定很有趣。于是，我要爸爸给我买了个大风筝。放学了，我和爸爸来到广场上放风筝。天上的风筝真多啊！我也赶紧让我的风筝飞上天。我的心里好高兴啊！
　　妈妈说，一年之计在于春，做什么事情都要从头开始，从春天开始。我明白了春天是我们一年新的希望，我要好好学习，多学本领。

（改编自中国教育文摘）

春天的时候人们喜欢放风筝，山东潍坊(Wéifāng)的风筝在中国最有名，每年4月份，来自世界很多国家的人到山东参加山东潍坊国际风筝节(Shandong Weifang International Kite Festival)。

生词 New words

1.	开	（动）	kāi	bloom
2.	芽	（名）	yá	bud
3.	照	（动）	zhào	to shine
4.	舒服	（形）	shūfu	comfortable
5.	风筝	（名）	fēngzheng	kite
6.	广场	（名）	guǎngchǎng	square
7.	赶紧	（动）	gǎnjǐn	to hasten; hurry
8.	希望	（名）	xīwàng	hope; wish
9.	本领	（名）	běnlǐng	skill; capability

补充词语 Added words

1. 一年之计在于春　　yì nián zhī jì zàiyú chūn　　the whole year's work depends on a good start in spring

学一学 Grammar

1. 于是　　then; whereupon

表示后一件事情紧接着前一件事情，后一件事情往往是由前一件事情引起的。
It means one thing is after another. The latter is often caused by the former.

（1）听班里的同学说北京的颐和园很漂亮，于是我决定这个周末去看看。
（2）我的女朋友来中国学汉语了，于是我也来了。
（3）李华说宫保鸡丁很好吃，于是我也很想吃。

2. 动态助词"了" Aspect particle "了"

加在动词之后表示动作所处的阶段的助词叫动态助词。动态助词"了"加在动词后边,表示动作的完成。否定式是在动词前加上"没(有)",去掉"了"。

The particle placed after a verb and expressing the period during which the action takes place is called an aspect particle. The aspect particle "了" placed after a verb denotes that the action is accomplished. The negative form of the sentences of this type is to add "没(有)" before the verb and to omit "了".

（1）昨天我和小丽去王府井买了很多衣服。
（2）今天早上我吃了连个包子,喝了一杯咖啡。
（3）明天我下了课就去找你。

练一练 Exercises

1. 照例子组字

Combine the following components into a single word

⺮——争（　）　　　走——干（　）
口——欠（　）　　　亻——故（　）
父——巴（　）　　　阝——日（　）

2. 连线,组成短语

Match and form a phrase

花　　　　　发芽
树　　　　　开
放　　　　　学
本领　　　　风筝

难度：★★★　　建议时间：3分钟　　字数：171

北京的天气

北京位于华北平原的边缘,年平均气温是11.8℃。最冷的时候是1月份,月平均气温为-4.6℃;最热的时候是7月份,月平均气温为26.1℃。

北京一年有春夏秋冬四个季节,是个四季分明的城市。春天和秋天都比较短,夏天和冬天稍微长一点儿。夏天很热,冬天很冷,春天和秋天的气温适中,只是春天风沙比较大,近年来春天还有沙尘暴。这样一来,只有秋天气候宜人,是一年中的黄金季节。

（改编自中国地理网）

北京的秋天很美,是一个旅游的季节。你可以去香山、长城看红叶,也可以去钓鱼台看银杏(yínxìng gingkgo)。

生词 New words

1. 平均　　（形）　pínɡjūn　　average
2. 最　　　（副）　zuì　　　　the most
3. 季节　　（名）　jìjié　　　season
4. 稍微　　（副）　shāowēi　　a bit; a little
5. 适中　　（形）　shìzhōng　 moderate
6. 沙尘暴　（名）　shāchénbào　sandstorm
7. 气候　　（名）　qìhòu　　　climate
8. 宜人　　（形）　yírén　　　pleasant
9. 黄金　　（形）　huánɡjīn　 precious

学一学 Grammar

1. 位于　be located

（1）英格兰位于欧洲的西部。
（2）广东省位于中国的南部。
（3）大西洋位于欧洲与美洲之间。

2. 只是　but; though

表示轻微的转折,意思重在前一分句,后一分句补充修正上文的意思。语气委婉,跟"不过"相近。It means a slight turn, which emphasizes the former clause; the latter added the meaning of the above. Euphemistic tone is similar to "however".

（1）这个菜好吃是好吃,只是太贵了。
（2）我也很想学习太极拳,只是没有时间。
（3）李明各方面都很好,只是身体不太好。

练一练 Exercises

1. 仿照例子,做词语接龙游戏

   According to the examples, play word by word games

   例如:邀请——请假——假期——期末——末尾——尾巴

   (1) 气温

   (2) 春天

2. 根据课文内容,判断正误(正确的划√,错误的划×)

   Decide whether the following statements are true(√) or false(×) according to the text

   (1) 北京位于东北平原的边缘。
   (2) 北京最热的时候是8月份。
   (3) 北京的秋天时间比较长,冬天时间比较短。
   (4) 北京的春天气温适中。
   (5) 北京的秋天是一年中的黄金季节。

难度:★★★★　建议时间:4分钟　字数:190

沙尘暴

今天,北京刮沙尘暴了。早晨,我像平常一样走出家门去上学。刚一出门,就见天空灰灰的,像要变天的样子。在路上,我看到人们穿着风衣,扣子扣得紧紧的,几乎没有人不戴帽子,有的人还把纱巾蒙在脸上,防止沙土迷眼。我看到商场前停放的自行车,被风刮倒了一大片。地面上尘土飞扬,连小石子也卷到空中,天地间变得昏黄一片,让人睁不开眼。我眯着眼睛,捂着嘴巴,几乎是摸着向前走的。真是"寸步难行"呀!

(改编自学生网)

最近几年北京在环境保护方面做了很多工作,空气质量越来越好,沙尘暴也就越来越少了。

生词 New words

1. 刮	（动）	guā		to blow
2. 扣	（动）	kòu		to button up
3. 纱巾	（名）	shājīn		scarf
4. 蒙	（动）	méng		to cover
5. 卷	（动）	juǎn		to coil
6. 眯	（动）	mī		to narrow one's lids
7. 寸步难行		cùn bù nán xíng		to stagger

学一学 Grammar

1. 一……就…… as soon as; once

"一……就……"格式

（1）表示前后两个动作或情况在时间上接得很紧。

（1）It indicates that after the first action takes place, the second will follow immediately.

（2）前一分句表示条件，后一分句表示结果。

（2）The former clause indicates condition, the latter indicates result.

（1）我一到北京就给妈妈打电话。

（2）这两天他胃不好一吃就吐。

（3）我一有空就学习汉语。

2. 像……一样 be like; as ... as ...; like; just as

（1）她像妈妈一样照顾那些失去父母的孩子。

（2）小丽的眼睛像黑色的水晶一样美丽。

（3）知识像茶一样，越品越觉得香！

 练一练 Exercises

1. 加偏旁组成新字

   Add the radicals to form a new character

   （1）冈{( ) / ( )} （2）口{( ) / ( )} （3）少{( ) / ( )}

2. 根据课文内容，回答下列问题

   Answer these questions according to the text

   （1）我刚一出门看到什么了？

(2)为什么有的人还把纱巾蒙在脸上？
(3)我为什么要眯着眼睛，捂着嘴巴？
(4)刮沙尘暴时天空是什么样子的？

难度：★★★★　　建议时间：4分钟　　字数：190

中国的气候

中国属于季风性气候区，冬夏气温相差很大。大多数地方，冬季寒冷干燥，夏季高温多雨。

冬季南北温差很大，南热北冷。当北方的哈尔滨人冒着寒风参观"冰灯游园会"时，南方广州却是百花盛开，春意盎然。

夏季，全国大部分地区都很热，降水较多。全国的降水量，地区分布不均匀。东南部地区降水较多，西北部地区降水较少。

冬季最冷的地方是漠河镇，夏季最热的地方是吐鲁番，重庆、武汉、南京号称我国"三大火炉"。

（改编自天气网）

这是北京故宫的雪景。北京与纽约的纬度（wěidù latitude）相近，但是，北京冬季比纽约冷，夏季比纽约热。7月份与1月份的气温相比，北京相差30.9度，纽约相差23.6度。

生词 New words

1. 季风性气候区	jìfēngxìng qìhòu qū	monsoon climate zone
2. 干燥　　　（形）	gānzào	dry
3. 温差　　　（名）	wēnchā	the temperature difference
4. 降水量　　（名）	jiàngshuǐliàng	precipitation
5. 均匀　　　（形）	jūnyún	even
6. 东南部	dōngnán bù	southeast
7. 西北部	xīběi bù	northwest

学一学 Grammar

1. A 比 B+形容词   A is +adj than B

用"比"表示比较的句子,一般格式是"A 比 B+形容词"。在表示差别的词语前不能用"很、非常、极"等程度副词。

"比" is often used in the comparative sentences, with the structure A 比 B+ adj. Adverbs such as 很,非常 and 极 are never used in front of the words that indicate the difference.

（1）她男朋友比她高。
（2）她男朋友比她高得多。
（3）他比他妹妹高二十公分。

2. 号称   be known by reputation as; to be known as

（1）四川号称天府之国。
（2）他号称故事大王。
（3）大连号称水果之乡。

练一练 Exercises

根据课文内容,选择正确答案
Choose the correct answer according to the text

1. 中国属于那种气候类型?
   A. 亚热带地中海气候   B. 热带沙漠气候
   C. 热带草原气候   D. 季风性气候
2. 下面哪个不是中国的三大火炉?
   A. 吐鲁番   B. 重庆   C. 武汉   D. 南京
3. 冬季北京和纽约哪个冷?
   A. 北京冬季比纽约冷   B. 纽约冬季比北京冷
   C. 北京和纽约一样冷   D. 不知道
4. 中国冬季最冷的地方是哪?
   A. 哈尔滨   B. 漠河镇   C. 吐鲁番   D. 北京

词汇盘点 Key words extended

开	刮	扣	舒服	气候
开房间	刮鼻子	扣上门	感到(不)舒服	气候潮湿
开后门	刮风	扣紧	非常舒服	气候舒适宜人
开船	刮痧	扣子扣不上	睡了一个舒服觉	气候温和

玩转周末 Fun weekend

脑筋急转弯 Brainteasers

1. 胖胖是个颇有名气的跳水运动员,可是有一天,他站在跳台上,却不敢往下跳。这是为什么?
2. 什么门永远关不上?

（摘自QQ聊天宝典）

     我要打篮球　　　　　　　　　　**I Need Your Basketball**

  小亮敲着他朋友家的门。当朋友的妈妈来开门时,他问:"小明可以出来玩吗?"

  "不行,"那位妈妈说,"天气太冷了。"

  "噢,那么,"小亮说,"他的篮球可以出来玩吗?"

     （改编自梦幻英语网）

  Xiao Liang knocked on the door of his friend's house. When his friend's mother answered he asked, "Can Xiao Ming come out to play?"

  "No," said the mother, "it's too cold."

  "Well, then," said Xiao Liang, "Can his basketball come out to play?"

在哪儿见过? Where have you ever seen these pictures?

1. 这是你去宾馆的时候可以看到的天气预报:

多云转阴	duōyún zhuǎnyīn	cloudy to overcast
风力	fēnglì	wind force
最高气温	zuì gāo qìwēn	the highest temperature
最低气温	zuì dī qìwēn	the lowest temperature

2. 这是网上你可以看到的天气预报：

> **北京(Beijing)**
>
> **今天** 2009年09月05日 星期六 牛年 七月十七
>
>
>
> 小雨转中雨
> 25℃~15℃

3. 这是在北京首都国际机场你可以看到的天气预报：

> **北京首都国际机场实时天气：**
>
>
>
> 小雨　22℃　　东南风 2 级　　能见度：7000 米
> 更新时间：今日 22:00

首都国际机场	Shǒudū Guójì Jīchǎng	Capital International Airport
实时	shíshí	real-time
更新	gēngxīn	to renew
能见度	néngjiàndù	visibility

4. 这是报纸上的天气预报：

| 新民晚报 | Xīnmín Wǎnbào | Xinmin Evening News |
| 寻常百姓 | xúncháng bǎixìng | the common people |

答案 Key to the exercises

星期一

1. 光   表
 风 景 色   导 演 戏
   点   讲

2. (1) × (2) × (3) √ (4) ×

星期二

1. ⺮——争（筝） 走——干（赶） 口——欠（吹）
 亻——故（做） 父——巴（爸） 阝——日（阳）

2. 花   发芽
 树   开
 放   学
 本领 风筝

星期三

1. (1) 气温——温暖——暖风——风景——景色——色彩
 (2) 春天——天气——气体——体育——育人——人类

2. (1) × (2) × (3) × (4) √ (5) √

星期四

1. (1) 冈 {（刚）（钢）} (2) 口 {（扣）（吹）} (3) 少 {（沙）（纱）}

2. (1) 我刚一出门就见天空灰灰的，像要变天的样子。
 (2) 有的人把纱巾蒙在脸上是为了防止沙土迷眼。
 (3) 地面上尘土飞扬，连小石子也被卷到空中，天地间变得昏黄一片，让人睁不开眼。
 (4) 刮沙尘暴时天空天地间变得昏黄一片。

星期五

1. D 2. A 3. A 4. B

玩转周末：

1. 游泳池里没水了
2. 足球门

第三周

南甜、北咸、东辣、西酸

难度：★★　建议时间：2分钟　字数：100

餐厅优惠券

此优惠仅限五道口店：

每桌限点一次，且此活动仅限堂食：

此活动不与其他优惠活动同时享用：

图片仅供参考，产品以实物为准。

不少餐厅在节假日会有一些优惠活动，例如：买一送一，打折等等。优惠活动期间拿着优惠券或者没拿优惠券都可以享受这些优惠活动。

生词 New words

1. 券　　（名）　　quàn　　ticket
2. 鸡翅　（名）　　jīchì　　Chicken wings

3. 奶茶　　　（名）　　　nǎichá　　　milk tea
4. 限　　　　（动）　　　xiàn　　　　to set a limit
5. 参考　　　（动）　　　cān kǎo　　　to consult

学一学 Grammar

1. 仅……　　only

(1) 参加考试的仅有五名学生。
(2) 他仅学了半年汉语,汉语水平已经很高了。
(3) 他仅有13岁,就已经上大学了。

2. 限……　　to set a limit

(1) 图书馆的书每人每次限借10本。
(2) 超市正在打折,价格很便宜,但每样东西限买两个。
(3) 警察限他们半个小时内离开这里。

3. 以……为准　　to set...as the standard

(1) 说话要以事实为准。
(2) 买东西时要以实物为准。
(3) 这家店的关门时间以送走最后一位顾客为准。

练一练 Exercises

根据课文内容,判断正误

Decide whether the following statements are true(√) or false(×) according to the text

1. 2009年2月28日你可以按这个广告,花一杯奶茶的钱买到两杯奶茶。
2. "香辣鸡翅"是一道菜的名字。
3. 活动期间,奶茶你可以点两次。
4. 活动期间,鸡翅和奶茶不可以打包带回家吃。
5. 这次优惠活动北京的各家连锁店都参加。
6. 这次活动可以与其他优惠活动同时享用。
7. 图片只是参考,要以实物为准。

品 茶

人均消费：68元

营业时间：上午9:00——凌晨2:00

地址：西城区月坛南街月坛派出所西侧

简介：碧水丹山茶艺馆成立于2001年10月1日，拥有一支非常好的茶艺表演队，用传统茶艺、茶歌舞以及民俗茶道表演再现中国茶文化和地方民俗风情。

（改编自饭桶网）

中国人喜欢喝茶。茶叶的生产和饮用与中国文化的发展有着紧密的联系。喝茶与喝水不一样，喝茶要慢慢喝、慢慢品味，所以就有了茶馆。

生词 New words

1. 消费　（动）　xiāofèi　　to consume
2. 营业　（动）　yíngyè　　to do business
3. 凌晨　（副）　língchén　before dawn
4. 拥有　（动）　yōngyǒu　to possess
5. 民俗　（名）　mínsú　　folk custom
6. 风情　（名）　fēngqíng　customs and practices

专有名词 Proper names

1. 西城区　　　　　Xīchéng Qū　　　　　　Xicheng District
2. 月坛南街　　　　Yuètán Nán Jiē　　　　name of a street in Beijing
3. 月坛派出所　　　Yuètán Pàichūsuǒ　　　name of a police station in Beijing
4. 碧水丹山茶艺馆　Bìshuǐdānshān Cháyì guǎn　name of a teahouse in Beijing

学一学 Grammar

1. 于(介词)   at; on

书面语。Written language.

(1) 他生于1985年。
(2) 她毕业于一所著名的大学。
(3) 这个词用于形容词前面。

2. 拥有   to possess; to own; to have

(1) 中国拥有13亿人口。
(2) 这个国家拥有先进的技术。
(3) 他们拥有很多财产。

3. 以及(连词)   and

连接并列的词或词组。
Connect parallel words or phrases.

(1) 她去过北京、上海、广州以及长沙。
(2) 他给儿子买了书、玩具以及一些吃的东西。
(3) 我们要考虑去哪儿,什么时候去以及怎么去。

练一练 Exercises

给下列汉字找到正确的声母

Find the correct initials for the following characters

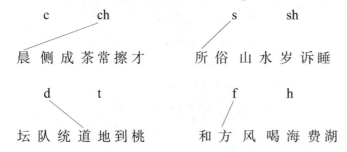

难度:★★★   建议时间:3分钟   字数:159

夏季饮食注意

夏天气温高,人体丢失的水分比其他季节要多,必须及时补充。

夏季是蔬菜瓜果的旺季,多吃一些营养丰富的冬瓜、黄瓜、南瓜、丝瓜、甜瓜等瓜类蔬菜水果,能保证身体正常的需要。这些瓜类蔬菜的共同特点是含水量都在90%以上。其中,冬瓜含水量最高,高达96%,其次是西瓜、黄瓜、丝瓜、南瓜、苦瓜等。这些瓜类蔬菜还有降低<u>血压</u>、保护<u>血管</u>的作用。

（改编自旅游论坛）

冬瓜可以减肥,也可以美容。主要产于夏季,之所以叫冬瓜,是因为瓜在成熟的时候,表面上有一层白色的东西,很像冬天的白霜（báishuāng, hoarfrost）。

生词 New words

1.	气温	（名）	qìwēn	temperature
2.	补充	（动）	bǔchōng	to add
3.	蔬菜	（名）	shūcài	vegetables
4.	旺季	（名）	wàngjì	boom season
5.	营养	（名）	yíngyǎng	nutrition
6.	血压	（名）	xuèyā	blood pressure
7.	血管	（名）	xuèguǎn	artery

学一学 Grammar

达 reach

表示到一定标准、程度等。

It means reaching to certain standards or degree.

(1) 这个箱子重达60公斤。
(2) 这座楼高达100多米。
(3) 我们学校的外国留学生多达2000多人。

练一练 Exercises

将下列汉字按笔画多少排序

Arrange the following characters in stroke order

必　有　果　类　上　天　人　补　夏　甜　需　最

难度：★★★　　建议时间：3分钟　　字数：158

江苏菜

中国人的饮食习惯大致分为南甜、北咸、东辣、西酸。

中国八大菜系之一的苏菜是南甜的集中代表。甜味在苏菜中扮演重要的角色。苏州人、无锡人、上海人喜欢吃甜是很有名的，糖是他们做菜必不可少的原料。很多江浙人更是将这种甜的美食发挥到了极点。相信吃过无锡酱排骨的人都不会忘记那浓浓的酱汁。但是如果不习惯吃糖的人，会觉得非常腻。

（改编自天山网）

八大菜系是指鲁(山东)菜、川(四川)菜、粤(广东)菜、闽(福建)菜、苏菜、浙菜、湘(湖南)菜和徽(安徽)菜。

生词 New words

1. 习惯　　（名）　　xíguàn　　　habit
2. 代表　　（名）　　dàibiǎo　　　delegate
3. 扮演　　（动）　　bànyǎn　　　to play the role of
4. 原料　　（名）　　yuánliào　　raw material
5. 发挥　　（动）　　fāhuī　　　to bring into play
6. 腻　　　（形）　　nì　　　　　greasy

专有名词 Proper Names

1. 苏　　　Sū　　　　the abbreviation of Jiangsu Province
2. 无锡　　Wúxī　　　name of a city in Jiangsu Province
3. 苏州　　Sūzhōu　　name of a city in Jiangsu Province

学一学 Grammar

1. 必不可少　　indispensable; absolutely necessary

（1）父母是我生活中必不可少的朋友。

（2）这种药是旅游时必不可少的。

2. 如果……的话

"如果……的话"用在假设复句中,表示假设条件。可以只用"如果",口语中常用"要是",也可以只用"的话",后面的分句常用"就"连接。

"如果……的话" is used in a hypothetical compound sentence to indicate the supposition. "如果" can be omitted. "要是" or "的话" often appears in spoken language and the adverb "就" often precedes the latter clause as a correlative word.

（1）如果有需要的话就告诉我。
（2）要是你不忙的话,今天晚上我们去超市买东西吧。
（3）明天下雨的话,我们就不去长城了。

 练一练 Exercises

根据课文内容,选择正确答案
Choose the correct answer according to the text

1. 下面哪个不是中国人的饮食习惯?
　A. 南甜　　　B. 北苦　　　C. 东辣　　　D. 西酸
2. 苏州人做菜必不可少的原料是?
　A. 糖　　　　B. 辣椒　　　C. 醋　　　　D. 大蒜
3. 酱排骨是哪个地方的特色菜?
　A. 无锡　　　B. 长沙　　　C. 成都　　　D. 北京

难度:★★★★　　建议时间:3分钟　　字数:197

从喝豆汁看北京人

大家都知道,只有北京人才喝豆汁。京外有地方把豆浆叫做"豆汁"。有位山东人刚到北京,看见招牌上写着"豆汁",就进店要了一碗,喝了一口眉头紧皱,叫来店员,很客气地小声说:"这豆汁别卖了,基本上酸了。"那店员说:"不是基本上酸了,本来就是酸的。这豆汁跟您山东的豆汁不一样!"

所以是不是北京人,测验的方法就是叫他喝一口豆汁,如果是眉开眼笑,满意地嘘口长气,就是地道北京人;如果是眉头紧皱,肯定是外地人。

（改编自千龙网）

北京有名的小吃很多,比如:炸酱面(zhájiàngmiàn, noodles served with fried bean sauce)、油条(yóutiáo, fried bread stick)、酸梅汤(suānméitāng, plum juice)等等。来北京了,你一定要尝一尝。

生词 New words

1. 招牌　　（名）　　zhāopái　　signboard
2. 皱　　　（动）　　zhòu　　　to wrinkle
3. 客气　　（形）　　kèqi　　　be polite
4. 测验　　（名）　　cèyàn　　test

学一学 Grammar

1. 只有……才

强调必须满足唯一的一个条件,才能出现一定的结果,不然就不会有这样的结果。
Stress the need to meet a condition only to the results of certain, otherwise there would be no such results.

(1) 只有这种药才能治好他的病。
(2) 只有小李才能解决这个问题。
(3) 你只有刻苦学习,才能考上北京大学。

2. 本来　originally

表示某种情况原来是怎么样的。
It means certain circumstances how it was.

(1) 他本来喜欢吃辣的,可最近身体不好,医生不让吃了。
(2) 他本来就很紧张,你这样一说,他更不敢说话了。
(3) 不是我不让他喝,他本来就不喜欢喝酒。

3. 跟……(不)一样　be (not) the same as...

(1) 北京的天气跟上海不一样。
(2) 儿子的脾气跟爸爸一样。
(3) 我的想法跟你一样。

 Exercises

给每个汉字或词组找到正确的读音
Find the correct pronunciation for each Chinese character or phrase

豆汁	dìdào	dìfang	豆浆
酸	suān	kě	甜
喝	méi	tián	渴
地道	dòuzhī	dòujiāng	地方
眉	hē	yǎn	眼

词汇盘点 Key words extended

限	消费	营养	发挥	客气
限时 限量 限期	消费品 消费者 消费水平 高消费	补充营养 注意营养 营养不良 营养食品	发挥水平 发挥作用 发挥想象力	特别客气 说话很客气 对别人很客气

 玩转周末 Fun weekend

在空格内填上合适的汉字，组成菜名
Fill in the blanks with suitable Chinese characters to make up a name of dish

北		烤	鸭				
	酱					辣	
		末	茄				
酸	丝	西		柿	炒	鸡	蛋
菜			烧		丁		
	香	肉	丝				

总想喝水

小王对他的朋友说："我做了一次手术，手术后医生在我的身体里留下了一块海绵。"

Always Want to Drink

"I had an operation," said Xiao Wang to his friend, "and the doctor left a sponge in me."

"真是太可怕了!"朋友说:"你觉得疼吗?"

"不疼,不过我总想喝水。"

（改编自新浪网）

"That's terrible!" said the friend. "Got any pain?"

"No, but I always want to drink!"

 在哪儿见过? Where have you ever seen these pictures?

1. 这是一个拉面馆的招牌：

拉面　　　　　lāmiàn　　　　　　hand-pulled noodles

2. 这是一个米粉店的广告牌：

米粉　　　　　mǐfěn　　　　　　rice-flour noodles

3. 这是一个茶庄的招牌：

天福茶庄　　　Tiānfú Cházhuāng　　name of a teahouse in Beijing

4. 这是一个粥店的广告牌：

粥	zhōu	porridge
荷叶	héyè	lotus leaf
芒果	mángguǒ	mango
乌梅	wūméi	dark plum
绿豆	lǜdòu	mung bean

5. 这是一个火锅店的招牌：

| 停车场 | tíngchēchǎng | car park or car lot |
| 口福居 | Kǒufújū | name of a hotpot restaurant |

答案 Key to the exercises

星期一

1. (√) 2. (√) 3. (×) 4. (√)
5. (×) 6. (×) 7. (√)

星期二

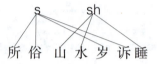

星期三

人→上→天→必→有→补→果→类→夏→甜→最→需

星期四

1. B 2. A 3. A

星期五

玩转周末：

北	京	烤	鸭			
	酱			辣		
	肉	末	茄	子		
酸	丝	西	红	柿	炒	鸡 蛋
菜			烧			丁
鱼	香	肉	丝			

第四周

让镜子变干净的办法

难度：★★　建议时间：2分钟　字数：40

上品折扣

运动服装　户外用品　休闲服装类商品

上品折扣就是名牌（famous brand）商品打折销售（to sell）的意思。

生词 New words

1. 折扣	（名）	zhékòu	discount
2. 特惠		tèhuì	Ex-gratia
3. 服装	（名）	fúzhuāng	clothing
4. 休闲	（动）	xiūxián	take a leisurely life
5. 类	（名）	lèi	category
6. 至	（介）	zhì	to
7. 新款		xīn kuǎn	new style

专有名词 Proper names

1. 亚运村　　　　Yàyùncūn　　　　name of a place in Beijing

学一学 Grammar

至 to

（1）他坐的是从北京至广州的飞机。
（2）这家商店的折扣低至2折。
（3）他自始至终工作都很认真。

练一练 Exercises

根据课文内容，判断正误
Decide whether the following statements are true(√) or false(×) according to the text

1. 这家店是在亚运村。
2. 如果一件衣服300块钱，在这家店最便宜的价格是60块。
3. 运动服装新款没有折扣。
4. 新款的运动服装最低折扣是2折。
5. 在这家店可以买到很便宜的户外用品。
6. 这家店这么低的折扣有一个月的时间。

难度：★★　　建议时间：3分钟　　字数：80

周年店庆

　　本商场周年"买一送一"活动，限店内标注"买一送一"的商品才可以参加此活动。
　　活动日期：4月12日——4月25日　商品价格仅限北京各门店
　　联系地址：XX商场北京各门店
　　联系电话：010-8594XXXX

重要的节日或商场的开店纪念日等时候,各商场常有打折等形式的优惠活动,如果你这段时间去买东西,就可以买到便宜的东西。

生词 New words

1. 标注　　（动）　　biāozhù　　to mark
2. 参加　　（动）　　cānjiā　　　to participate in
3. 价格　　（名）　　jiàgé　　　 price
4. 门店　　（名）　　méndiàn　　stores
5. 联系　　（动）　　liánxì　　　to contact
6. 地址　　（名）　　dìzhǐ　　　 address

学一学 Grammar

1. 才　just; only

（1）八点上课,他九点才来。
（2）这段话他念了两遍才记住。
（3）干了一天才给二十块钱,太少了。

2. 各　each

（1）我和老王各有一个儿子。
（2）各学校都有人参加这次活动。
（3）每年都有世界各地的人到中国来旅游。

 练一练 Exercises

在空格中填上一个汉字,使得上下左右能组成一个新的汉字

Fill in the blanks with a character to form a new character around

难度:★★★　　建议时间:3分钟　　字数:164

让镜子变干净的办法

　　小镜子或穿衣镜、梳妆台镜等脏了以后,可以用软布蘸上一些煤油或蜡擦拭,记住不能用湿布擦拭,否则镜面会模糊不清,玻璃容易腐蚀。

　　用蘸牛奶的抹布擦镜子,可以使镜子变得像新的一样光亮。

　　洗澡时,浴室中的镜子常常模糊不清,这时可以先用肥皂涂抹镜面,再用干布擦拭。这样镜面上会形成一层膜,能防止镜面模糊。使用洗洁精也可以收到相同的效果。

（改编自旅游论坛）

我们的生活离不开镜子,家里有梳妆镜、穿衣镜等,车子上有后视镜(hòushìjìng, rear-view mirror)。

生词 New words

1. 梳妆台	（名）	shūzhuāngtái	dresser
2. 软	（形）	ruǎn	soft
3. 蘸	（动）	zhàn	to dip
4. 煤油	（名）	méiyóu	coal oil
5. 模糊不清		móhu bù qīng	blurred
6. 腐蚀	（动）	fǔshí	to corrode
7. 肥皂	（名）	féizào	soap
8. 膜	（名）	mó	membrane
9. 洗洁精	（名）	xǐjiéjīng	detergent

学一学 Grammar

1. 常常　often

（1）我常常一个人逛街。

（2）他常常学习到晚上12点。

(3) 他记忆力不好，常常丢东西。

2. 先……再……　　first... then...

(1) 今天下午我先去图书馆，然后再去踢球。
(2) 先洗手然后再吃饭。
(3) 小李每天起床以后，先去跑步，然后再去吃早饭。

根据课文内容，回答下列问题

Answer these questions according to the text

(1) 小镜子脏了以后用什么布擦比较好？
(2) 穿衣镜镜脏了以后为什么不能用湿布擦？
(3) 用什么擦镜子可以让镜子变得像新的一样？
(4) 洗澡时，浴室中的镜子看不清楚了怎么办？为什么可以这么做？

难度：★★★　建议时间：4分钟　字数：228

微 笑

晨练时遇到过这样一次"微笑"。

早晨跑步时，我遇见一个小女孩，也许是兴趣相同，我俩聊起天来。说话的时候，她的小脸总是带着灿烂的微笑，我问她为什么，她的回答很简单："老师说了，微笑是给人的最好礼物。"是啊，我怎么没有想到，为什么每次面对别人时，不能送一份微笑呢？于是回家路上，每遇到晨练的老人，我都会热情地对他们微笑，我发现每个人都送我一份同样的微笑。原来一份微笑会带来无数的欢乐。

朋友，笑一笑吧，把微笑送给别人，迎接你的会是无数张笑脸，这就是微笑的美丽所在。

（改编自易门吧）

中国老人喜欢早晨在公园或文化广场等地方锻炼身体，因为是在早晨进行锻炼，所以叫"晨练"。

生词 New words

1. 微笑　（名）　wēixiào　smile
2. 兴趣　（名）　xìngqù　interest
3. 灿烂　（形）　cànlàn　splendid
4. 热情　（形）　rèqíng　warm-hearted

学一学 Grammar

1. 也许　maybe; perhaps

(1) 这几天也许会下雨。
(2) 他今天没来上课,也许是病了。
(3) 到现在还没找到那家商店,我们也许走错路了。

2. ……的时候　when

(1) 在学校的时候,我常常去这家书店。
(2) 做老师的时候,她常常进行家庭访问。
(3) 学习的时候,他不喜欢别人跟他聊天。

练一练 Exercises

将下列汉字按笔画多少排序
Arrange the following characters in stroke order

女　微　会　来　友　遇　笑　话　一　说

□→□→□→□→□→□→□→□→□→□

难度：★★★★　建议时间：5分钟　字数：257

接　人

　　经理派我到火车站接人。接的人我不认识,我准备做一个大纸牌,写上单位和姓名。大李看到说:"都什么年代了还用这玩意儿?太土了,再说让旁人看到什么单位叫什么姓名,一点隐私都没有。"我一想,也对,接人的方式应该随发展而进步。我问大李怎么个接法。大李说:"手机呀。"

　　我到了火车站,看到举牌子接人的不少,根本不像大李说的那样。火车正点到达,我在出站口左一个电话右一个电话,相互问对方身高、胖瘦、穿什么颜色的衣服。等人走得差不多了,我俩才找到对方。

回来后我埋怨大李,大李倒会说:"就差一句话,你着急了吧,你应该等人都走了再打。"

(改编自鑫立网)

火车站和飞机场门口常常有很多人举着牌子接人。牌子上写着要接的人的名字或者表明自己身份的牌子,如:XX旅馆、XX旅行社、XX公司等。

生词 New words

1. 隐私　　（名）　　yǐnsī　　　　privacy
2. 埋怨　　（动）　　mányuàn　　　to complain

学一学 Grammar

1. 再说　what's more

用来补充说明理由。

It is used to introduce a supplementary reason.

（1）你身体不好,再说那儿天气也很冷,你就别去了。
（2）这篇文章不长,再说也容易,我想今晚就可以看完。
（3）小李很想参加这次英语比赛,再说他的英语也很好,就让他去吧。

2. 根本不/没　not at all

（1）我根本没见过他。
（2）他根本没来过学校。
（3）我根本不知道昨天这儿发生了什么事。
（4）他跟我说日语,可是我根本不是日本人,也不会说日语。

练一练 Exercises

给每个词找到正确的读音

Find the correct pronunciation for each Chinese character or word

胖	jǔ		jiē	瘦
左	pài		dōu	右
举	pàng		shòu	接
等	zuǒ		yòu	到
派	děng		dào	都
埋怨	yǐnsī		zháojí	旁人
隐私	mányuàn		pángrén	着急

周末总盘点

词汇盘点 Key words extended

休闲	参加	软	热情	埋怨
休闲方式	参加活动	心太软	工作热情	埋怨父母
休闲活动	参加比赛	两腿发软	待人热情	埋怨别人
休闲中心	参加会议	又软又舒服	热情服务	互相埋怨
休闲服装	参加运动会			

玩转周末 Fun weekend

找出下面汉字中的其他汉字

Find out other Chinese characters in the following character

赢→ ☐ ☐ ☐ ☐ ☐

轻松一刻 Easy time.

多少钱？

王太太想买一些东西,她一直等到周六丈夫有空的时候,让他陪她去买东西。他们逛了许多商店,王太太买了很多东西。她常常说："看,老王！那个多漂亮！"

他总是回答："好吧！多少钱？"然后去付钱。

他们从最后一家商店出来的时候天快黑了,王先生已经很累了。他心里想着其他事情。突然王太太看着天空,说道："看那月亮多美,老王！"

王先生答道："好吧,多少钱？"

（改编自爱词霸网）

How Much is It?

Mrs. Wang wanted to do a lot of shopping, so she waited until it was Saturday, when her husband was free, and she took him to the shops with her to pay for everything. They went to a lot of shops, and Mrs. Wang bought a lot of things. She often stopped and said, "Look, Lao Wang! Isn't that beautiful!"

He then answered, "All right, How much is it?" and took his money out to pay for it.

It was dark when they came out of the last shop, and Mr. Wang was tired and thinking about other things. Suddenly his wife looked up at the sky and said, "Look at that beautiful moon, Lao Wang!"

Without stopping, Mr. Wang answered, "All right, How much is it?"

在哪儿见过? Where have you ever seen these pictures?

1. 这是一个手机店的广告牌：

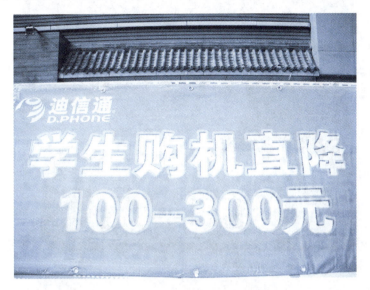

| 迪信通 | Díxìntōng | name of a phone chain store in China |
| 购机 | gòu jī | to buy a phone |

2. 在超市里，你会看到：

| 手推车 | shǒutuīchē | shopping cart |
| 停放处 | tíngfàngchù | parking |

3. 这是一个宾馆的提示牌：

| 携带 | xiédài | to carry |
| 宠物 | chǒngwù | pet |

4. 进地铁的时候，你会看到：

| 安全检查 | ānquán jiǎnchá | security check |

5. 走在街上你会看到：

图文设计	túwén shèjì	graphics context design
印刷	yìnshuā	to print
喷绘	pēnhuì	to inkjet
雕刻	diāokè	to carve

星期一

1. (√)   2. (√)   3. (×)   4. (×)   5. (√)   6. (√)

星期二

1. 口   2. 人

星期三

1. 用软布蘸上一些煤油或蜡擦拭。

2. 因为用湿布擦的话,镜面会模糊不清,玻璃容易腐蚀。

3. 用蘸牛奶的抹布擦镜子,可以使镜子变得像新的一样光亮。

4. 可以先用肥皂涂抹镜面,再用干布擦拭。这样镜面上会形成一层膜,能防止镜面模糊。

星期四

一→女→友→会→来→话→说→笑→遇→微

星期五

玩转周末:

赢→亡 月 贝 凡 员

第五周

自觉遵守乘车秩序

 难度：★★　建议时间：2分钟　字数：85

安全须知

1. 自觉遵守乘车秩序。出入站及上下车时不要拥挤，先下后上。不要在站内、车内追逐打闹。

2. 严禁跳下站台、翻越护栏进入线路内。在站台候车时，必须站在黄色安全线以内，以免发生危险。

（改编自北京地铁网）

 走在城市的街头或居民区里你常常会看到各种类型的宣传画，如预防疾病（yùfáng jíbìng, to prevent disease）、提醒大家注意安全、宣传计划生育（jìhuà shēngyù, birth control）等等。

生词 New words

1. 遵守	（动）	zūnshǒu	to obey (rules, laws, orders and so on)
2. 秩序	（名）	zhìxù	order
3. 追逐	（动）	zhuīzhú	to pursue; chase
4. 严禁	（动）	yánjìn	to strictly forbid; strictly prohibit
5. 翻越	（动）	fānyuè	to cross
6. 护栏	（名）	hùlán	guardrail
7. 安全线	（名）	ānquánxiàn	catch siding
8. 以免	（连）	yǐmiǎn	in order to avoid; so as not to
9. 危险	（名）	wēixiǎn	danger

学一学 Grammar

1. ……以内   within

（1）三天以内，我们一定完成任务。
（2）等候地铁的时候，为了安全，我们应该站在黄色安全线以内。
（3）只要你好好学习，三个月以内，你的汉语水平一定会有很大的进步。

2. 以免……   in order to avoid; so as not to

（1）我们要一定好好复习，以免考试成绩太差。
（2）晚上出去的时候，多穿点儿衣服，以免感冒。
（3）开车的时候一定要遵守交通规则，以免发生危险。

练一练 Exercises

1. 在空格中填上一个汉字，使得上下左右能组成一个新的汉字
   Fill in the blanks with a character to form a new character around

话说交通

大部分人喜欢乘飞机旅行，但是我不喜欢。因为机场一般离市中心很远，进出机场要浪费不少时间。你得提前到候机室，通常要等好几个小时飞机才起飞，而且飞机经常晚点。在飞机上，不能打开窗户，也不能随意走动。

我喜欢坐火车旅行。火车比较安全，而且火车站一般设在离市中心不远的地方。在火车上，可以随意走动，也可以打开窗户。最重要的是，可以欣赏沿途的风光。但是，坐火车花的时间比乘飞机要长一些。

现代交通工具主要有火车、汽车、轮船、摩托车、飞机、地铁、自行车等,你喜欢哪种呢?

生词 New words

1. 旅行	（名）	lǚxíng	journey; tour; travel
2. 机场	（名）	jīchǎng	airport; airfield
3. 离	（动）	lí	to be away from; to part from
4. 浪费	（动）	làngfèi	to waste
5. 提前	（副）	tíqián	in advance; beforehand
6. 候机室	（名）	hòujīshì	airport lounge
7. 随意	（副）	suíyì	as one pleases; at one's ease
8. 设	（动）	shè	to set up
9. 风光	（名）	fēngguāng	scene; view; sight

学一学 Grammar

1. 离…… to be away from; to part from

（1）我工作的地方离我家不远,就在附近。
（2）这里离北京语言大学很近,走过去大概十分钟。
（3）我知道离学校不远的地方有一家很好的韩国餐厅。

2. 提前 in advance; beforehand

（1）乘飞机需要提前到候机室。
（2）为了参加这次演讲比赛,她提前做了很多准备。
（3）请提前告诉我你来的时间,我好做准备。

练一练 Exercises

根据课文内容,选择正确答案
Choose the correct answer according to the text

1. "我"不喜欢乘飞机旅行,下列原因哪一项课文中没有?
　　A.乘飞机不安全　　　　B.机场离市中心很远
　　C.飞机经常晚点　　　　D.在飞机上不能随意走动

2. "我"喜欢坐什么交通工具旅行?
   A. 飞机　　　B. 火车　　　C. 自行车　　　D. 船
3. "我"喜欢坐火车旅行,最重要的原因是什么?
   A. 火车站一般在离市中心不远的地方。
   B. 在火车上可以随意走动。
   C. 在火车上可以打开窗户。
   D. 在火车上可以欣赏沿途的风光。
4. 根据课文内容,下列说法哪个是不正确的?
   A. 坐飞机的时候需要提前到候机室。
   B. 在飞机上不能打开窗户。
   C. 火车经常晚点。
   D. 坐火车花的时间比乘飞机要长一些。

难度:★★★　　建议时间:3分钟　　字数:189

一个有心的乘客

老王出差回来,他的妻子到机场去接他。当他们走向自己的汽车时,遇见了一位漂亮的空中小姐。老王对她说:"小丽小姐,再见!"那位空中小姐莞尔一笑,也说了声"再见"。

王女士看看那位空中小姐,然后问老王:"你怎么知道她的名字?"

"这很容易,"老王回答,"机长和机组全体人员的名单都写在我们座位前的一张纸上。"

"那机长叫什么名字?"王女士笑着问。

老王笑着答道:"我不记得其他任何人的名字。"

（改编自中国团购在线）

北京首都国际机场（Beijing Capital International Airport）是中国北京市主要的国际机场,在北京市东北方向,是目前中国最忙的民用机场。

生词 New words

1. 出差		chū chāi	on a business trip
2. 遇见	(动)	yùjiàn	to meet; to come across
3. 莞尔	(形)	wǎněr	smiling
4. 机长	(名)	jīzhǎng	aircraft commander
5. 全体	(形)	quántǐ	all; entire
6. 名单	(名)	míngdān	name list

学一学 Grammar

1. 遇见　　to meet; to come across

（1）昨天我去图书馆的时候,遇见了我的同学小王。

（2）今天中午我去食堂吃饭的时候,遇见了李老师。

（3）下了一个星期的雨了,好不容易遇见这么一个晴天。

2. 怎么　　why; how

（1）用来询问原因。

　　It is used to ask the reason.

　　① 今天他怎么这么高兴啊?

　　② 小王,昨天你怎么没来上课?

　　③ 下这么大的雨,你怎么来了?

（2）用来询问方式。

　　It is used to ask the manner.

　　① 请问去邮局怎么走?

　　② 请问您知道这个汉字怎么念吗?

　　③ 杰克,你的汉语真好,你是怎么学的?

练一练 Exercises

将下列汉字按笔画多少排序

Arrange the following characters in stroke order

全　知　怎　答　漂　容　见　体　尔

□→□→□→□→□→□→□→□→□

难度：★★★　　建议时间：3分钟　　字数：199

第一次坐飞机

　　小林以前没乘过飞机，但他看过许多关于飞机事故的报道。所以，有一天一位朋友请他乘自己的小飞机飞行时，小林不敢接受。不过，由于朋友不断保证说飞行很安全，小林终于被说服登上了飞机。

　　他的朋友启动引擎在跑道上滑行。小林听说飞行中最危险的是起飞与降落，所以他吓得紧闭双眼。

　　过了一两分钟，他睁开双眼望着窗外，对朋友说道："看下面那些人，他们看起来像蚂蚁一样。"

　　"那些就是蚂蚁，"他的朋友答道，"我们还在地面上。"

（改编自3edu教育网）

蚂蚁一般生活在比较干燥的地方，但是也能在水中活两个星期。蚂蚁的生存能力很强，并且能活很长时间。

生词 New words

1. 事故	（名）	shìgù	accident
2. 报道	（名）	bàodào	news report; story
3. 保证	（动）	bǎozhèng	to pledge; to guarantee
4. 说服	（动）	shuōfú	to persuade; to talk somebody over; to convince
5. 登	（动）	dēng	to step on
6. 启动	（动）	qǐdòng	to start (a machine etc.)
7. 引擎	（名）	yǐnqíng	engine
8. 滑行	（动）	huáxíng	to slide
9. 蚂蚁	（名）	mǎyǐ	ant

学一学 Grammar

1. 由于　as a result of

表示原因。

It is used to state the reason.

（1）由于路上堵车,我迟到了。

（2）由于天太黑,她不小心摔倒了。

（3）由于太累了,他在公共汽车上睡着了。

2. 看起来　it seems (or appears); it looks as if

（1）他看起来很凶,其实很善良。

（2）天灰蒙蒙的,看起来好像要下雨。

（3）中国菜不仅看起来很好看,而且吃起来也很好吃。

练一练 Exercises

给下列汉字找到正确的声母

Find the correct initials for the following characters

难度：★★★★　建议时间：4分钟　字数：480

车次	全程始发	全程终点	列车类型	出发站	发车时间	目的站	到达时间	耗时	距离
能直达北京和长沙之间的列车车次									
K598/K599次	包头	广州	空调快速	北京西	05:15	长沙	01:20	20小时22分钟	1587公里
K21次	北京西	桂林	空调快速	北京西	09:01	长沙	04:29	19小时28分钟	1587公里
T15次	北京西	广州	空调特快	北京西	11:00	长沙	00:29	13小时29分钟	1587公里
K185次	北京西	衡阳	空调快速	北京西	11:49	长沙	08:27	20小时38分钟	1587公里
T145/T148次	北京西	南昌	空调特快	北京西	12:17	长沙	04:38	16小时21分钟	1587公里
T97B次	北京西	九龙	空调特快	北京西	13:08	长沙	03:00	13小时52分钟	1587公里
T97次	北京西	广州东	空调特快	北京西	13:08	长沙	03:00	13小时52分钟	1587公里

车次	始发站	终点站	类型	出发站	出发时间	到达站	到达时间	全程耗时	全程距离
T12/T13次	沈阳北	广州东	空调特快	北京	13:22	长沙	03:32	14小时30分钟	1593公里
T1次	北京西	长沙	空调特快	北京西	15:45	长沙	07:07	15小时22分钟	1587公里
T87次	北京西	贵阳	空调特快	北京西	16:00	长沙	07:57	15小时57分钟	1587公里
T5次	北京西	南宁	空调特快	北京西	16:08	长沙	07:31	15小时23分钟	1587公里
T61次	北京西	昆明	空调特快	北京西	16:37	长沙	08:16	15小时39分钟	1587公里
Z17次	北京西	长沙	空调特快	北京西	18:10	长沙	07:15	13小时05分钟	1587公里
T201/T204次	北京西	三亚	空调特快	北京西	18:16	长沙	07:39	13小时23分钟	1587公里
T189次	北京西	南宁	空调特快	北京西	18:46	长沙	10:15	15小时29分钟	1587公里
K157次	北京西	湛江	空调快速	北京西	19:01	长沙	14:27	19小时26分钟	1587公里
K471/K474次	北京西	昆明	空调快速	北京西	19:20	长沙	15:14	19小时54分钟	1587公里

（改编自火车票网）

中国火车主要有以下几种：Z—直达特快列车，例如Z17；T—特快列车，例如T15；K—快速列车，例如K598；L、A—临时旅客列车；Y—旅游列车；没有字母的四位车次——普通列车，例如1409。

生词 New words

1. 直达	（动）	zhídá	to go nonstop to
2. 列车	（名）	lièchē	train
3. 车次	（名）	chēcì	train number
4. 全程	（名）	quánchéng	whole journey
5. 类型	（名）	lèixíng	type
6. 到达	（动）	dàodá	to reach; to arrive; to get to
7. 耗	（动）	hào	to consume; to cost; to expend
8. 距离	（名）	jùlí	distance
9. 空调	（名）	kōngtiáo	air-conditioner
10. 公里	（名）	gōnglǐ	kilometer
11. 特快	（名）	tèkuài	express

专有名词 proper names

1. 包头　Bāotóu　　　　name of a place in Nei Menggu autonomous region in China
2. 长沙　Chángshā　　　name of a place in Hunan province in China
3. 广州　Guǎngzhōu　　 name of a place in Guangdong province in China
4. 桂林　Guìlín　　　　name of a place in Guangxi province in China
5. 贵阳　Guìyáng　　　 name of a place in Guizhou province in China
6. 衡阳　Héngyáng　　　name of a place in Hunan province in China
7. 九龙　Jiǔlóng　　　 name of a place in Hongkong
8. 昆明　Kūnmíng　　　 name of a place in Yunnan province in China
9. 南宁　Nánníng　　　 name of a place in Guangxi province in China
10. 三亚　Sānyà　　　　name of a place in Hainan province in China
11. 沈阳　Shěnyáng　　 name of a place in Liaoning province in China
12. 湛江　Zhànjiāng　　name of a place in Guangdong province in China

学一学 Grammar

……之间　　something between two times; places or numbers

（1）北京和上海之间有铁路，也有高速公路。
（2）朋友之间应该互相帮助。
（3）世界各国之间应该多交流。

练一练 Exercises

根据课文内容，判断正误
Decide whether the following statements are true(√) or false(×) according to the text

1. K21次如果从北京西站出发，到达长沙的时间是下午4点29分。
2. 从北京到长沙Z17次耗时最少。
3. K157次的列车类型是空调特快车。
4. K185次如果从北京西站出发，那么它的终点站是湖南衡阳。
5. T5次从北京西站出发的时间是下午4点08分。

周末总盘点

词汇盘点 Key words extended

危险	浪费	出差	保证	到达
危险人物	浪费时间	去香港出差	保证安全	到达机场
有危险	浪费金钱	到外地出差	保证质量	到达目的地
生命危险	浪费生命	出了一趟差	保证不迟到	到达顶点
不顾危险	浪费精力	出了半年差	保证完成作业	到达一个新的起点

玩转周末 Fun weekend

找出下面汉字中的其他汉字

Find out other Chinese characters in the following character

容→ ☐ ☐ ☐ ☐ ☐

轻松一刻 Easy time

我是来问路的

星期天上午,小丽在路口等小林骑摩托车来接她。

没多久,一辆摩托车停在小丽面前,小丽立刻跳上车(敲着安全帽):"怎么这么晚?都超过30分钟了!"

这个人打开安全帽罩子:"小姐,我是来问路的,请不要打人!"

(改编自新浪博客)

Asking for Directions

Xiaoli was waiting for Xiao Lin to ride a motorcycle to pick her up at the junction on Sunday morning.

After a while, a motorcycle parked in front of her, she immediately jumped onto the motorcycle (Beating the helmet): "Why do you come to here so late? It's more than 30 minutes!"

The man opened the helmet cover: "Miss, I was coming to ask for directions. Please do not hit me!"

在哪儿见过? Where have you ever seen these pictures?

1. 马路上,你会看到:

(1)

让　　　　　ràng　　　　　　　　to give way; to give ground

(2)

注意交通安全　　zhùyì jiāotōng ānquán　　attention to traffic safety

2. 公园里，你会看到：

健步	jiànbù	to walk with vigorous strides
行走	xíngzǒu	to walk
继续	jìxù	to continue
向前	xiàngqián	forward; onward; ahead

3. 这是地铁站的指示牌：

| 地铁 | dìtiě | underground; subway |
| 西单 | Xīdān | a commercial area in Beijing |

4. 这是停车场的指示牌：

停车   tíng chē   to park (a car)

答案 Key to the exercises

星期一

1. 木　　2. 女

星期二

1. A　　　2. B　　　3. D　　　4. C

星期三

见→尔→全→体→知→怎→容→答→漂

星期四

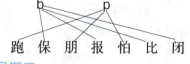

星期五

1.（×）　　2.（√）　　3.（×）　　4.（√）　　5.（√）

玩转周末：

容→穴　谷　八　人　口

第六周

人们越来越重视健康

难度：★★　建议时间：3分钟　字数：159

打针记

老李去打针,注射室挤满了人,他刚到门口就听见一个老护士说:"今天是你们实习的最后一天,大家准备考核!"

老李吓了一跳,实习护士? 我躲! 出去遛了一大圈。回来时注射室已经没有了刚才的喧闹,只隐约听到:"这些孩子,把病人搞得好痛苦呀!"老李乐了,走进去说:"打针。"老护士看了他一眼后,扭头喊道:"刚才没及格的护士,出来补考。"

（改编自幽默笑话网）

要想成为一名真正的护士,先要到医院实习,然后要通过护士资格考试（Nurse qualification examination）。

生词 New words

1. 注射　（动）　zhùshè　　to inject
2. 实习　（动）　shíxí　　to do fieldwork
3. 考核　（动）　kǎohé　　to assess (somebody's proficiency)
4. 遛　　（动）　liù　　　to saunter; to stroll
5. 喧闹　（名）　xuānnào　noise and excitement
6. 隐约　（形）　yǐnyuē　　indistinct; faint

学一学 Grammar

刚才 just now

（1）刚才有人找你。
（2）刚才的事情是我不对,请原谅!
（3）你刚才不去,现在后悔了吧?
（4）刚才她还在这儿,现在不知道去哪儿了。

练一练 Exercises

在空格中填上一个汉字,使得上下左右能组成一个新的汉字
Fill in the blanks with a character to form a new character around

1. 市 口
   才
   耳

2. 咸 下
   斤
   宣

难度:★★★　　建议时间:3分钟　　字数:193

为了你的身体健康请对电脑做以下设置

　　如今,人们越来越重视健康。但是,有不少经常使用电脑的人,却不知道有个小窍门可以更好的保护自己的健康。为了保护您的眼睛,请对电脑做以下设置吧:桌面->右键->属性->外观->高级->项目选择(窗口)、颜色1(L)选择(其他)将色调改为:85,饱和度:123,亮度:205->添加到自定义颜色->确定。

　　这样所有的文档都会变成非常柔和的绿色,这个色调是眼科专家配置的,长时间使用会有效地缓解眼睛疲劳,保护眼睛。

（改编自鲜营养社区网）

电脑工作者保护眼睛的方法还有:1.每小时离开办公桌和电脑几分钟;2.闭上眼睛,放松一会儿;3.保证良好的光线。

生词 New words

1. 窍门	（名）	qiàomén	trick of the trade; skill
2. 设置	（动）	shèzhì	to set up
3. 色调	（名）	sèdiào	tone; hue
4. 饱和度	（名）	bǎohédù	degree of saturation
5. 添加	（动）	tiānjiā	to add; to increase
6. 文档	（名）	wéndàng	computer file
7. 柔和	（形）	róuhé	gentle; mild; soft
8. 配置	（动）	pèizhì	to dispose; to arrange
9. 疲劳	（形）	píláo	tired; weary

 学一学 Grammar

1. 越来越……   more and more...

（1）麦克的汉语越来越好。
（2）北京的环境越来越好。
（3）他母亲的病越来越重。
（4）随着中国经济的发展,学习汉语的人越来越多。

2. 为了……   in order to ...

（1）为了学好汉语,麦克每年都来中国。
（2）为了您的健康,请不要吸烟。
（3）为了健康,他每天锻炼身体。
（4）为了多挣一些钱,他从早到晚地工作。

 练一练 Exercises

将下列汉字按笔画多少排序

Arrange the following characters in stroke order

样 视 义 用 绿 保 置 专 设 保

难度:★★★　建议时间:3分钟　字数:220

夏天如何运动才合适

　　王女士一直在健身房做高温瑜伽,效果不错。近日,有点感冒的她仍在坚持。不料,前天在练习高温瑜伽时大汗淋漓,头昏,到医院检查发现是脱水。医生提醒,如果感冒、发烧了,就不要做高温瑜伽。因为在虚弱的情况下进行高温瑜伽练习不利于身体恢复。

　　另外,夏天锻炼不应只在健身房。在自然环境里锻炼,能提高人的耐热能力,使身体更好地适应炎热的气候。每天不妨定时进行户外有氧运动,比如散步、骑自行车等。运动时要注意补充水分,当感到头昏、头痛、口干时,要立即停止运动。

(改编自六安体育网)

有氧运动是指在氧气充分供应的情况下进行的体育锻炼。要想通过运动来减肥,建议您选择有氧运动。

生词 New words

1. 健身房	(名)	jiànshēnfáng	gymnasium; gym
2. 瑜伽	(名)	yújiā	Yoga
3. 效果	(名)	xiàoguǒ	effect
4. 坚持	(动)	jiānchí	to insist on
5. 大汗淋漓		dà hàn línlí	streaming with sweat
6. 脱水	(名)	tuōshuǐ	dehydration

学一学 Grammar

1. 不料　unexpectedly

(1) 晚饭后刚想出去散步,不料开始下起雨来了。
(2) 说好我们一起去故宫玩儿,不料他自己先去了。
(3) 她以为自己没什么病,不料医生让她马上住院。

2. 在……下 with...

(1) 在大家的帮助下,他的学习有了很大进步。
(2) 在姐姐的影响下,安娜爱上了汉语。
(3) 在同学们的鼓励下,他报名参加了这次英语比赛。

3. 不妨 might as well

(1) 这个菜不太辣,你不妨尝一尝。
(2) 这件事你不妨当面跟他说。
(3) 这是一种新药,你不妨试一试。

 练一练 Exercises

根据课文内容,判断正误

Decide whether the following statements are true(√) or false(×) according to the text

1. 最近王女士感冒了仍然在健身房里锻炼。
2. 医生认为感冒了还可以做高温瑜伽。
3. 夏天在自然环境中锻炼可以提高人的耐热能力。
4. 散步是一种有氧运动。
5. 运动时不需要补充水分。
6. 运动时如果觉得口干,要马上停止运动。

   难度:★★★★   建议时间:4分钟   字数:199

喝茶有讲究

中国人有喝茶的习惯,除了茶香以外,茶还是健康的饮料。虽然喝茶有许多好处,但也有一些需要注意的地方。那么,怎样喝茶才是聪明的做法呢?

1. 讲究四季有别,即:春喝花茶,夏喝绿茶,秋喝青茶,冬喝红茶。

2. 讲究喝茶有量,每天喝茶2~6克。喝茶对于增强神经兴奋等有一定的作用,但并非喝得越多越好。

3. 临睡前不喝茶。这点对于刚开始喝茶的人更为重要。很多人睡觉前喝茶后,就会很难睡着,甚至严重影响第二天的精神状态。

(改编自互动百科)

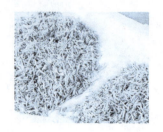

根据不同的加工方法,茶叶可以分为绿茶(lǜchá)、红茶(hóngchá)、青茶(qīngchá)也叫乌龙茶(wūlóngchá)、白茶、黄茶和黑茶。

生词 New words

1. 健康　（名）　jiànkāng　　health
2. 饮料　（名）　yǐnliào　　beverage
3. 聪明　（形）　cōngming　　smart; clever
4. 讲究　（动）　jiǎngjiu　　to be particular about; to pay attention to
5. 神经　（名）　shénjīng　　nerve
6. 临　　（动）　lín　　　　to be present
7. 严重　（形）　yánzhòng　　serious; critical
8. 状态　（名）　zhuàngtài　　state; condition

学一学 Grammar

1. 对于　about

（1）对于这个礼物,他非常珍惜。
（2）对于我们的学习方法,老师非常满意。
（3）对于这个问题,他们没有什么意见。

2. 并非　to not be

（1）这是老师的决定,并非我的意思。
（2）他并非不愿意去上海,只是没有钱买车票。
（3）他并非真想做这样的工作,只是找不到合适的工作。

练一练 Exercises

根据课文内容,选择正确答案
Choose the correct answer according to the text

1. 喝茶需要注意,下面哪一项不是文章提到的？
　　A. 不同的季节要喝不同的茶。　　B. 喝茶的时候要注意适量。
　　C. 快要睡觉的时候不要喝茶。　　D. 感冒的人最好不要喝茶。

2. 夏天最好喝什么茶?
   A. 花茶　　　B. 绿茶　　　C. 青茶　　　D. 红茶
3. 每天喝多少茶是适量的?
   A. 5克　　　B. 7克　　　C. 8克　　　D. 9克

难度:★★★★　建议时间:3分钟　字数:183

老人最好傍晚运动

"我每天不到6点就醒了,躺在床上没事做,不起来还能干吗?"不少老人有这样的疑问。但有专家表示,超过80岁、血压较高、心脏也不太好的老人,必须有足够的睡眠,早晨也要起晚些。因为早晨神经兴奋,心脏负担本来就重。如果早起运动,对身体就更不利了。所以老人最好等到傍晚身体状况好时再运动。

对习惯早醒的老人,专家建议:白天最好别睡觉;增加运动量,因为运动能消耗能量,有安定的作用。

（改编自泰兴网）

老年人不仅要注意锻炼的时间,而且还要注意选择适合自己的运动。适合老年人的运动主要有步行、慢跑和太极拳等。

生词 New words

1. 疑问	（名）	yíwèn	doubt
2. 专家	（名）	zhuānjiā	expert; specialist
3. 负担	（名）	fùdān	burden
4. 状况	（名）	zhuàngkuàng	state; condition
5. 建议	（动）	jiànyì	to suggest
6. 消耗	（动）	xiāohào	to use up
7. 安定	（形）	āndìng	stable; settled

学一学 Grammar

1. 就　as early as

   (1) 八点上课,他七点就来了。

(2) 她十岁的时候就小学毕业了。
(3) 那几个汉字,我写了两遍就记住了。

2. 最好   it would be best

(1) 上海离这儿很远,你最好坐飞机去。
(2) 天太晚了,你最好别走了。
(3) 外面很冷,出门时你最好多穿件衣服。

练一练 Exercises

给下列汉字找到正确的声母

Find the correct initials for the following characters

z   zh   j   q

增 张 足 专 脏 状 最   起 较 经 期 觉 恰 建

词汇盘点 Key words extended

实习	疲劳	坚持
实习生	感到疲劳	坚持下去
实习机会	特别疲劳	坚持学习
实习两周	疲劳极了	坚持工作
教学实习	过度疲劳	坚持锻炼身体
讲究	负担	
讲究吃穿	学习负担	
讲究卫生	生活负担	
讲究方法	工作负担	
	减轻负担	

玩转周末 Fun weekend

脑筋急转弯 Brainteasers

你能只用两步将一只大象放进冰箱吗?

轻松一刻 Easy time.

游泳者

老师给同学们讲了一个故事,说有一个人早饭前要在河里游泳,来回三趟。

小明笑了。

老师问:"你不相信一个游泳游得很好的人可以做到吗?"

小明说:"不是的,老师,我是不明白为什么他不游四次,这样就可以回到他放衣服的那边。"

(改编自笑话天地)

The Swimmer

The teacher told the class the story of a man who swam a river three times before breakfast.

Xiaoming laughed.

"Do you doubt that a good swimmer could do that?" asked the teacher.

"No, sir," answered Xiaoming, "but I wonder why he did not swim it four times and get back to the side where his clothes were."

在哪儿见过? Where have you ever seen these pictures?

1. 在医院里,你会看到

(1)

专家门诊　zhuānjiā ménzhěn　　specialist clinic

(2)

| 挂号 | guà hào | to register specialist clinic |
| 收费处 | shōufèichù | tollhouse |

(3)

保健科	bǎojiànkē	Healthcare Dept.
儿科	érkē	Pediatric
中医科	zhōngyīkē	TCM Dept.
外科	wàikē	Surgery
化验室	huàyànshì	Laboratory
眼科	yǎnkē	Ophthalmology
心电图	xīndiàntú	ECG Rm.
口腔科	kǒuqiāngkē	Stomatology

2. 贴在食堂的宣传画：
(1)

饮食	yǐnshí	food and drink
科学	kēxué	scientific
文明	wénmíng	civilized

(2)

| 勤 | qín | regularly |

答案 Key to the exercises

星期一

1. 门
2. 口

星期二

义→专→用→设→更→视→保→样→绿→置

星期三

1. (√)
2. (×)
3. (√)
4. (√)
5. (×)
6. (√)

星期四

1. D
2. B
3. A

星期五

玩转周末

答案：1. 打开冰箱。　　2. 放进大象。

第七周

春节倒贴"福"字

难度：★★★　建议时间：4分钟　字数：192

端午节看南北粽子文化

端午节家家都吃粽子。北京粽子是北方粽子的代表，个头较大，样子是斜四角形或三角形。目前，市场上供应的大多数是糯米粽。在农村中，仍然习惯吃大黄米粽。北京粽子多以红枣、豆沙做馅。

广东粽子是南方粽子的代表，与北京粽子相反，它的个头较小，外形好看，正面方形，后面有一只角，像一只锥子。品种较多，除鲜肉粽、豆沙粽外，还有蛋黄粽，以及用鸡肉丁、鸭肉丁、叉烧肉、冬菇、绿豆等配成馅的什锦粽，味道更好。

（改编自饭桶网）

端午节为每年农历五月初五，是中国重要的传统节日。在这一天，人们除了吃粽子，还有赛龙舟等活动。

生词 New words

1. 粽子	（名）	zòngzi	glutinous rice dumpling
2. 斜	（形）	xié	oblique; slanting; inclined; tilted
3. 供应	（动）	gōngyìng	to feed; to supply; to furnish
4. 糯米	（名）	nuòmǐ	polished glutinous rice
5. 馅	（名）	xiàn	stuffing
6. 锥子	（名）	zhuīzi	awl
7. 配	（动）	pèi	to mix

专有名词 Proper names

1. 端午节　　Duānwǔjié　　　　Dragon Boat Festival

学一学 Grammar

1. 仍然　　still

（1）春天了，天气仍然很冷。

（2）现在环境问题仍然没有解决。

（3）这个学期张老师仍然教我们口语。

2. 与……相反　　contrary to...

（1）理想常常与现实相反。

（2）很多人都认为不吃早饭可以减肥，但是事实与此相反。

（3）许多人在失败以后都会选择放弃，与此相反，他却坚持奋斗。

练一练 Exercises

根据课文内容，判断正误

Decide whether the following statements are true(√) or false(×) according to the text

1. 北方粽子个头比较小。

2. 北方市场上大部分供应糯米粽子。

3. 北京粽子很少用豆沙做馅。

4. 广东粽子的样子好看，像一个锥子。

5. 南方粽子的品种比北方粽子多。

6. 蛋黄粽是北方粽子。

难度：★★　　建议时间：2分钟　　字数：128

中国的情人节

农历正月十五是中国的传统节日元宵节，它也是一个浪漫的节日。过去，元宵灯会给未婚男女提供了一个相互认识的机会。那时，年轻女孩平常不允许出去自由活动，但是过节的时候可以跟朋友一起出来游玩。元宵节赏花灯正好是一个交友的机会，未婚男女借着赏花灯可以顺便为自己物色对象。

（改编自商都网）

元宵节是春节后的第一个重要节日，赏灯是元宵节的重要庆祝活动。另外，这一天人们还要吃传统美食元宵（Yuanxiao）。

生词 New words

1. 农历	（名）	nónglì	traditional Chinese calendar
2. 浪漫	（形）	làngmàn	romantic
3. 灯会	（名）	dēnghuì	exhibit of lanterns
4. 允许	（动）	yǔnxǔ	to permit; to allow; to let
5. 正好	（副）	zhènghǎo	just in time
6. 顺便	（副）	shùnbiàn	in passing; by the way
7. 物色	（动）	wùsè	to look for; to choose; to seek out

专有名词 Proper names

1. 元宵节　　　　Yuánxiāojié　　　Lantern Festival

学一学 Grammar

1. 给……提供……　to provide

（1）我们要给灾区提供帮助。
（2）社会应该给成年人提供继续学习的机会。
（3）国际组织给世界各国提供了交流的机会。

2. 顺便　in passing; by the way

（1）你去超市的时候，顺便帮我买几斤苹果吧。

(2) 这次来中国旅游还要顺便看看老朋友。
(3) 你去还他笔的时候,顺便告诉他来开会。

3. **正好**　just in time

(1) 小明来的时候正好八点。
(2) 她来的时候,我们正好在家。
(3) 你来得好,我们正好少一个人。

练一练 Exercises

在空格中填上一个汉字,使得上下左右能组成一个新的汉字

Fill in the blanks with a character to form a new character around

难度:★★★　建议时间:3分钟　字数:179

倒贴"福"字

春节的时候,家家户户都贴春联。在贴春联的同时,一些人要在门上、墙壁上贴上大大小小的"福"字。春节贴"福"字,是我国民间由来已久的风俗。"福"字指福气、福运,寄托了人们对幸福生活的向往,对美好未来的祝愿。为了更充分地体现这种向往和祝愿,有的人干脆将"福"字倒(dào)过来贴,表示"幸福已到""福气已到(dào)"。民间还有人将"福"字做成各种图案比如寿星、寿桃等。

(改编自新华网)

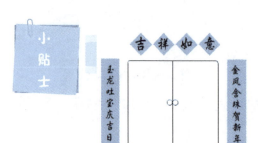

春节时的传统活动主要有:贴春联、吃年夜饭、放鞭炮、看春节晚会。

生词 New words

1. 贴	（动）	tiē	to paste
2. 春联	（名）	chūnlián	spring festival couplets
3. 民间	（形）	mínjiān	folk
4. 风俗	（名）	fēngsú	custom
5. 寄托	（动）	jìtuō	to place hope on
6. 向往	（动）	xiàngwǎng	to look forward to
7. 祝愿	（名）	zhùyuàn	wish
8. 干脆	（副）	gāncuì	simply; just
9. 图案	（名）	tú'àn	design; pattern

学一学 Grammar

1. 在……的同时   at the same time

（1）在中国旅游的同时，还能学习汉语。
（2）人类在发展经济的同时，也破坏了环境。
（3）在学习一门语言的同时，也能了解这个国家的文化。

2. 干脆   simply; just

（1）这本词典你这么喜欢，干脆送给你了。
（2）今天我起晚了，干脆不去上课了。
（3）干脆不要工作了，回家做家务吧。

练一练 Exercises

将下列汉字按笔画多少排序
Arrange the following characters in stroke order

民　气　幸　俗　寄　上　来　脆　福

□ → □ → □ → □ → □ → □ → □ → □ → □ →
□

难度：★★★　　建议时间：3分钟　　字数：171

干杯的起源

中世纪人们普遍喜欢喝白酒。白酒里经常有很多泥沙,因此可以很容易放进毒药而不被发现。

主人为了证明他的酒是安全的,会把客人的一些酒倒进自己的杯子,喝上一口。如果客人相信主人,他就会用主人给他的杯子去敲一下装酒的容器。这一敲是双方之间的信任和坦诚。

后来,随着金属杯和玻璃杯越来越普及,那些碰杯的声音给人们带来了喜庆的气氛,同时也给人们带来了安全感。

（改编自天涯问答）

中国白酒最低38度,通常要在50度以上。

生词 New words

1. 普遍　（形）　pǔbiàn　　general; common; widespread
2. 毒药　（名）　dúyào　　poison; deadly drug
3. 证明　（动）　zhèngmíng　to prove
4. 容器　（名）　róngqì　　container
5. 坦诚　（形）　tǎnchéng　frank
6. 喜庆　（形）　xǐqìng　　happy; joyful

学一学 Grammar

1. 如果……就……　　if...; then...

（1）如果明天不下雨,我们就去长城。
（2）如果你不好好学习,就考不上北京大学。
（3）如果我们一起努力,就一定能赢。

2. 随着……　　along with...

（1）随着技术的进步,手机越来越普及。

(2) 随着中国经济的发展,很多外国人来中国生意。
(3) 随着年龄的增长,他的身体越来越差。

练一练 Exercises

给下列汉字找到正确的声母
Find the correct initials for the following characters

b　　p　　　　　　q　　x
被 杯 普 遍 碰 玻 瓶　　气 现 全 喜 信 器 庆

难度:★★★★　建议时间:4分钟　字数:200

回 门

　　回族的婚礼习俗,各地大同小异。回门是整个结婚过程中重要的几个程序之一。婚礼后三天或七天,新郎要准备礼品陪同新娘回门,也叫回娘家,看望岳父母及亲属。岳父母家也要事先做好准备,款待女婿女儿。宁夏等地的回民习惯用鸡腿来款待重要客人和亲友。除此以外,新娘家亲戚还要一家挨一家的请新郎、新娘吃饭,并给新娘回赠礼物。回门的当晚,新郎要赶回家中,新娘一般住上三五天或一星期,然后再由娘家人送回家或新郎自己来接回家。

(改编自内蒙古新闻网)

中国一共有56个民族,回族是目前中国分布最广的少数民族,主要在宁夏、甘肃、新疆、青海、河北、河南、云南等地。

生词 New words

1. 婚礼	(名)	hūnlǐ	wedding
2. 程序	(名)	chéngxù	procedure
3. 新郎	(名)	xīnláng	bridegroom
4. 礼品	(名)	lǐpǐn	gift; present
5. 新娘	(名)	xīnniáng	bride
6. 看望	(动)	kànwàng	to pay a visit; call on

7. 岳父母	（名）	yuèfùmǔ	parents-in-law
8. 亲属	（名）	qīnshǔ	relatives
9. 款待	（动）	kuǎndài	give somebody a hearty hospitality
10. 女婿	（名）	nǚxù	son-in-law
11. 赠	（动）	zèng	to give something as a present

专有名词 Proper names

1. 宁夏　　　Níngxià　　Ning xia Hui Nationality Autonomous Region

学一学 Grammar

1. ……之一　　one of a type of things

(1) 他来中国的目的之一就是要学好汉语。
(2)《红楼梦》是小林最喜欢看的几本书之一。
(3) 合理利用资源是保护环境的重要办法之一。

2. 除此之外　　apart from this

(1) 要想学好汉语,就要多说,除此之外,还要多听、多练。
(2) 他喜欢游泳,除此之外,他没有别的爱好了。
(3) 我们有综合课,除此之外,我们还有听力课和口语课。

练一练 Exercises

根据课文内容,选择正确答案
Choose the correct answer according to the text

1. 一般什么时候回门?
 A. 婚礼后一天　　B. 婚礼后两天　　C. 婚礼后三天　　D. 婚礼后四天
2. 回民习惯用什么来款待重要的客人?
 A. 鸡腿　　　　　B. 羊腿　　　　　C. 鸭腿　　　　　D. 鸡蛋
3. 新郎什么时候回到自己家中?
 A. 回门的当天晚上　　　　　　　　B. 回门的当天中午
 C. 回门的第二天晚上　　　　　　　D. 回门后三天
4. 新娘是怎么回到自己家中的?
 A. 新郎家的亲戚来接的。　　　　　B. 新娘的朋友送回家的。
 C. 新娘自己一个人回去的。　　　　D. 娘家人送回家的。

词汇盘点 Key words extended

供应	顺便	寄托
供应水果	顺便说一下	寄托希望
供应食物	顺便看看	寄托向往
供应日常用品	顺便告诉他一声	寄托祝愿
证明	看望	
证明自己	看望父母	
证明他的想法是对的	看望朋友	
	看望病人	

玩转周末 Fun weekend

脑筋急转弯 Brainteasers

什么话全世界都可以用？

失业

小李："自从小王失业后，已经有一半朋友不认识他了。"

小赵："还行，他还有另外一半朋友。"

小李："可是另一半还不知道他已经失业了。"

（改编自大众网）

Be Out of Work

Xiao Li: "Half of his friends did not know him since Xiao Wang was out of work."

Xiao Zhao: "It is ok. He still has the other half."

Xiao Li: "But the other half do not know this yet."

在哪儿见过? Where have you ever seen these pictures?

1. 这是胡同的指示牌：

民丰胡同　Mínfēng Hútòng　name of a place in Beijing

2. 一个彩票店的招牌：

福利彩票　fúlì cǎipiào　　welfare lottery

3. 商店的广告牌：

天福	Tiānfú	name of a company
中秋	zhōngqiū	the mid-autumn
茶	chá	tea
月饼	yuèbing	moon cake

4. 茶店的指示牌：

 留雨亭 Liúyǔtíng name of a teahouse in Beijing
 茶艺 cháyì   art of making; drinking and serving tea

5. 商店的招牌：

 祥义号 Xiángyìhào name of a silk store in Beijing

答案 Key to the exercises

星期一

1. (×)
2. (√)
3. (×)
4. (√)
5. (√)
6. (×)

星期二

1. 目   2. 火

星期三

上→气→民→托→来→幸→俗→脆→寄→福

星期四

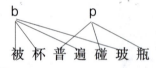   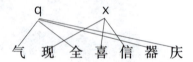

星期五

1. C
2. A
3. A
4. D

玩转周末：

　　答案：电话

第八周

去钱柜唱歌

难度：★★　　建议时间：2分钟　　字数：128

世界模特大赛报名

今年的世界模特大赛北京赛区开始报名了，今年的比赛放宽了身高的限制，165cm以上的女孩都可以参加比赛。世界模特大赛组委会介绍，这次比赛拒绝偏瘦的女孩，宣扬健康、自然，并且放宽了身高的要求，给更多矮小的女孩一个机会。世界模特大赛接受网络和现场报名，报名时间持续15天。

（改编自《新京报》）

因为中国比较大，很多大的比赛都先分赛区进行比赛，比如快乐男生比赛，快乐女生比赛会分北京赛区、上海赛区、长沙赛区等等，然后再进行最后总决赛(final match)。

生词 New words

1. 模特	（名）	mótè	model
2. 报名	（动）	bàomíng	sign up
3. 放宽	（动）	fàngkuān	to loosen
4. 限制	（名）	xiànzhì	restriction
5. 以上	（名）	yǐshàng	above
6. 组委会	（名）	zǔwěihuì	organizing committee
7. 拒绝	（动）	jùjué	to refuse
8. 宣扬	（动）	xuānyáng	to publicize
9. 矮小	（形）	ǎixiǎo	short and small
10. 现场	（名）	xiànchǎng	site; spot
11. 持续	（动）	chíxù	continue

补充词语 Added words

1. 世界模特大赛　　Shìjiè mótè dàsài　　Model of the world
2. 北京赛区　　　　Běijīng sàiqū　　　　Beijing Regional Competition

学一学 Grammar

1. 以上 above; more than

(1) 我们班有十个男同学,个子都在180cm以上。
(2) 今天我买了三条裤子,价格都在100块钱以上。
(3) 在中国1.10米以上的小孩坐车都要买票。

2. 并且 moreover

(1) 她不仅做完了功课,并且把第二天的课也预习了一遍。
(2) 好好学习并且坚持下去,你的汉语一定能学好。
(3) 他来了,并且还带了一大袋吃的东西。

3. 持续 continue

(1) 这场大雨已经持续了五个小时。
(2) 她的演讲结束后掌声持续了五分钟。
(3) 这场电影持续了三个小时。

练一练 Exercises

根据课文内容,判断正误(正确的划√,错误的划×)

Decide whether the following statements are true(√) or false(×) according to the text

(1) 世界模特大赛接受只接受网络报名。
(2) 世界模特大赛报名时间持续半个月。
(3) 今年的世界模特大赛北京赛区165cm以下的女孩也可以参加比赛。
(4) 今年的比赛没有放宽身高的限制。
(5) 今年的比赛偏瘦的女孩也可以参加。

难度：★★★　　建议时间：2分钟　　字数：133

芭蕾舞剧《天鹅湖》

主办：中央芭蕾舞团
协办：北京大学会议中心
演出：中央芭蕾舞团
演奏：中央芭蕾舞团交响乐团
时间：2009年8月28日（周五）、29日（周六）晚7:00
地点：北京大学百年讲堂观众厅
票价：20、40、60、80（凭北京大学有效证件购买）、100、
　　　120、150元、VIP
票务通24小时咨询售票热线：010-6406****
Online 票务通网：www.piaowutong.com

（改编自北京大学网）

中国大城市里都有大的剧院，你可以在那里看话剧(modern drama)、听京剧(Beijing opera)、看舞剧(dance drama)、听歌剧(opera)。也有很多电影院你可以去看电影。

生词 New words

1. 主办　　（动）　　zhǔbàn　　　　to sponsor (a conference, etc.); to host
2. 协办　　（动）　　xiébàn　　　　co-organized by
3. 演奏　　（动）　　yǎnzòu　　　　to play a musical instrument in a performance
4. 有效证件　　　　yǒuxiào zhèngjiàn　　valid identity document
5. 购买　　（动）　　gòumǎi　　　　to buy
6. 咨询　　（动）　　zīxún　　　　to consult
7. 热线　　（名）　　rèxiàn　　　　hotline

专有名词 Proper names

1. 中央芭蕾舞团　　　　Zhōngyāng bālěiwǔ tuán　　Central Ballet Group
2. 北京大学会议中心　　Běijīng Dàxué Huìyì Zhōngxīn
　　　　　　　　　　　Peking University's conference Centre
3. 北京大学百年讲堂观众厅　　Běijīng dàxué bǎinián jiǎngtáng guānzhòngtīng
　　　　　　　　　　　　　　Peking University's Centennial Memorial Hall

补充词语 Added words

1. 交响乐团　　jiāoxiǎng yuètuán　　symphony orchestra

学一学 Grammar

1. 主办 to sponsor (a conference, etc.); to host

（1）篮球比赛由我校篮球协会主办。
（2）春节联欢晚会由CCTV主办。
（3）大学生英语演讲比赛由北京电视台主办。

2. 团 a group (used as the last character in the group's name)

（1）纽约爱乐交响乐团（New York Philharmonic）
（2）广州交响乐团（Guangzhou Symphony Orchestra）
（3）马戏团（circus）

3. 厅 hall; office; department of provincial level

（1）音乐厅（a concert hall）
（2）市政厅（city hall）
（3）客厅（a drawing room）

练一练 Exercises

1. 请将下列汉字按笔画顺序排列

   Arrange the following characters in stroke order

   照　中　众　咨　京　议

   □ → □ → □ → □ → □ → □

2. 根据课文内容，判断正误（正确的划√，错误的划×）

   Decide whether the following statements are true(√) or false(×) according to the text

   （1）芭蕾舞剧《天鹅湖》北京大学会议中心主办。
   （2）芭蕾舞剧《天鹅湖》在北京大学百年讲堂观众厅演出。
   （3）100、120、150元的票也需要凭北京大学有效证件购买。
   （4）芭蕾舞剧《天鹅湖》没有在网上售票。
   （5）如果想打电话买票的话只有下午两点到四点才可以。

难度：★★★　　建议时间：3分钟　　字数：172

章子怡

<u>星座</u>：水瓶座

籍贯：北京

在西方人的眼里，这个不叫Kate也不叫Rose，而是有着非常中国化的名字"Ziyi"的女孩，就是东方的代表。她长着一张<u>典型</u>的东方女子的面孔——黑黑的头发、<u>宽阔</u>的<u>额头</u>、<u>清爽</u>的<u>面容</u>、<u>灵活</u>的眼睛。因<u>主演</u>《我的父亲母亲》<u>成名</u>，因《卧虎藏龙》而扬名世界，短短几年时间，迅速<u>走红</u>，成为继巩俐之后在国际上最受<u>关注</u>的华人女星。她被称为"中国送给好莱坞的礼物"。

（改编自百度网）

《卧虎藏龙》(Crouching Tiger, Hidden Dragon)是一部功夫电影。功夫是中国的传统文化。河南省少林寺的中国功夫很有名。

生词 New words

1. 星座	（名）	xīngzuò	constellation
2. 典型	（形）	diǎnxíng	typical
3. 宽阔	（形）	kuānkuò	broad
4. 额头	（名）	étóu	forehead
5. 清爽	（形）	qīngshuǎng	fresh and cool
6. 面容	（名）	miànróng	face
7. 灵活	（形）	línghuó	agile elastic nimble
8. 主演	（动）	zhǔyǎn	act the leading role
9. 成名		chéng míng	become famous; make a name for oneself
10. 走红	（动）	zǒuhóng	have one's moment
11. 关注	（动）	guānzhù	to pay close attention to

学一学 Grammar

1. V + 着

"V + 着"表示一种状态。

"V + 着"means a state.

(1) 她上身穿着一件红色的大衣。
(2) 爷爷在床上躺着。
(3) 他头上戴着一顶黑色的帽子。

2. 因   because

"因"sometimes can be replaced by "因为".

(1) 河南省因少林寺而出名。
(2) 四川省因5.12大地震而被世界所知。
(3) 因为快考试了,所以大家都很忙。

3. 被称为   be called

(1) 伦敦也被称为现代巴比伦。
(2) 朗朗被称为中国的钢琴王子。
(3) 郭晶晶被称为跳水女皇。

4. 被认为   be thought

(1) 王芳被认为是我们班最聪明的女孩。
(2) 上海被认为是最具有发展潜力的城市。
(3) 北京大学被认为是中国最好的大学。

练一练 Exercises

1. 照例子组字

Combine the following components into a single word

例:弓——长(张)

耳--------总(　)　　　　土------------也(　)
田--------介(　)　　　　日------------月(　)
刑--------土(　)　　　　客------------页(　)
日--------生(　)　　　　日------------寸(　)

2. 根据课文内容,回答下列问题

Answer these questions according to the text

(1) 章子怡因主演哪部电影而出名?
(2) 章子怡长得怎么样? 漂亮吗?
(3) 章子怡被人们称为什么?

难度:★★★　　建议时间:6分钟　　字数:207

北京华星国际影城

　　在生活中,电影是一种<u>文化</u>。<u>忙碌</u>了一天,坐在<u>舒适</u>的电影厅里<u>欣赏</u>一部好看的电影,不仅<u>放松</u>了一天的<u>紧张</u>心情,而且得到了美的享受。位于北京<u>北三环</u>的UME华星国际<u>影城</u>是北京一个<u>五星级</u>电影院。影城有四千多<u>平方米</u>的营业<u>面积</u>,有5个电影厅,最大的电影厅还有一块全国<u>罕见</u>的430多平方米巨<u>幕</u>,全影城五个厅共有1200多个座位。影城自开业至今已获得观众良好的<u>口碑</u>,"看电影,就去华星。到华星,还要去电影头等舱。"已成为京城电影观众的一种<u>时尚</u>。

(改编自UME国际影城网)

用星级代表宾馆、电影院的等级(děngjí rank),五星级是最好的。

生词 New words

1.	文化	(名)	wénhuà	culture
2.	忙碌	(形)	mánglù	to bustle; busy
3.	舒适	(形)	shūshì	cosy
4.	欣赏	(动)	xīnshǎng	to appreciate
5.	放松	(动)	fàngsōng	to relax
6.	紧张	(形)	jǐnzhāng	intense
7.	影城	(名)	yǐngchéng	studios
8.	五星级	(名)	wǔxīngjí	five-star
9.	平方米	(量)	píngfāngmǐ	square meter
10.	面积	(名)	miànjī	area; acreage
11.	罕见	(形)	hǎnjiàn	rare
12.	幕	(名)	mù	screen
13.	口碑	(名)	kǒubēi	goodwill credibility
14.	时尚	(名)	shíshàng	fashion

专有名词 Proper names

北三环	Běisānhuán	north Sanhuan

学一学 Grammar

1. 自……至今　　Since so far

(1) 饭店自开业至今已经两个月了。

(2) 她自减肥至今已经瘦了10斤了。

(3) 自毕业至今,我和他已经十年没有见面了。

2. V+在

表示一种状态,"在"后面加地点名词。

This pattern indicates a state. "在" is followed by a place.

(1) 他躺在一张舒服的大床上睡着了。

(2) 我把电脑放在包里了。

(3) 小明坐在第一排。

练一练 Exercises

1. 这段话共有_____句话？

   How many sentences in this text?

2. 看词语,写拼音

   Read the following words and write down *Pinyin*

   电影(　　)(　　)　　华星(　　)(　　)　　享受(　　)(　　)

   良好(　　)(　　)　　头等舱(　　)(　　)(　　)　　观众(　　)(　　)

难度：★★★★　　建议时间：5分钟　　字数：179

去钱柜唱歌

提到KTV,在北京没有人不知道钱柜。北京钱柜在市区有很多家分店,每家人都很多,K歌的同时还有自助餐可以享用。蛋饼、油饼、麻团、黄金饼、凉面、西点面包、美味粥,第一次去,还真有点分不清这是娱乐场所还是餐饮美食的享用之地。北京钱柜跟其他KTV一样,按时间段收费,不同的时段价格也不一样,周末人多一些,好像比平时要贵。总的说起来,北京钱柜在京城还算是相当有名气的娱乐场所。

（改编自爱帮网）

电影院和KTV都是按时间段收费,晚上和周末的时候去玩的人多一些,所以会贵一点。

生词 New words

1. 提到	（动）	tídào	to mention
2. 市区	（名）	shìqū	urban district; downtown area
3. 分店	（名）	fēndiàn	branch store
4. 自助餐	（名）	zìzhùcān	buffet
5. 蛋饼	（名）	dànbǐng	omelette
6. 油饼	（名）	yóubǐng	deep-fried pancake; seedcake
7. 麻圆	（名）	máyuán	glutinous rice sesame balls
8. 黄金饼	（名）	huángjīnbǐng	golden cake
9. 凉面	（名）	liángmiàn	cool noodles
10. 分不清		fēnbuqīng	hard to distinguish
11. 美食	（名）	měishí	delicious food
12. 享用	（动）	xiǎngyòng	enjoy
13. 收费	（动）	shōufèi	charge
14. 相当	（副）	xiāngdāng	very much; quite
15. 娱乐	（名）	yúlè	amusement
16. 场所	（名）	chǎngsuǒ	place

 学一学 Grammar

1. 提到　to mention

（1）一提到睡懒觉他就高兴。

（2）提到中国功夫，我就想起少林寺。

（3）提到三里屯，我就想起酒吧。

2. 没有人不　all; everybody

"没有人不"是一个双重否定表达肯定的用法，表示所有人都。

"没有人不" is a double negative form. It is used to express certain.

（1）我们班没有人不喜欢唱歌。

（2）我们家没有人不喜欢睡懒觉。

（3）娱乐圈的人没有人不知道章子怡。

3. A还是B　A or B

用"还是"并列两种情况，要求对方选择一项回答。

"还是" is used to list two alternatives to ask the other person to make a choice.

（1）你要苹果还是香蕉？

（2）红色的裙子好看还是黑色的好看？

（3）你是美国人还是英国人？

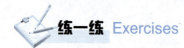

练一练 Exercises

1. 仿照例子,做词语接龙游戏

According to the examples, play word by word games

例如:邀请——请假——假期——期末——末尾——尾巴

(1) 钱柜

(2) 周末

2. 根据课文内容,回答下列问题

Answer these questions according to the text

(1) 在北京提到KTV为什么都知道钱柜?
(2) 钱柜是娱乐场所还是餐饮美食的享用之地?
(3) 在钱柜你能吃到什么?
(4) 钱柜是按什么收费的?

 词汇盘点 Key words extended

相当	放松	欣赏	关注
相当简单	放松点儿	欣赏文学	给予关注
相当灵活	放松一下	欣赏水平	受到关注
相当复杂	放松心情	欣赏美味佳肴	表示关注
舒适	宣扬	以上	现场
舒适的家	宣扬自由	60岁以上的人	出事现场
舒适的生活	宣扬佛教	200小时以上	现场的记者
舒适的环境	宣扬工作成就	1.65米以上	现场报道

玩转周末 Fun weekend

题目:每个人都有掉东西的经验。假设有一天,你搭公交车时发觉自己有东西掉了,可是又没办法回去捡;这时你会检查自己的东西,最希望不要掉什么?

A. 手机　　　　　　　　　B. 男(女)友送的有纪念性的东西
C. 皮包(有钱及证件)　　　D. 刚买的心爱物品

等一分钟

李明:我伟大的玉皇大帝,一千年对你来说,意味着什么?

玉皇大帝:它只意味着一分钟。

李明:我万能的玉皇大帝,一万块钱对你来说,意味着什么?

玉皇大帝:它只意味着一块钱。

李明:我仁慈的玉皇大帝,那就请给我一块钱吧!

玉皇大帝:好吧,可怜的人,请等一分钟吧。

(改编自豆丁网)

Wait a Minute

Li Ming: My grand Emperor, what does a millennium mean to you?

Jade Emperor: It only means a minute.

Li Ming: My omnipotent Emperor, what do 10,000 yuan mean to you?

Jade Emperor Just one yuan.

Li Ming: My humane Emperor, please give me one yuan.

Jade Emperor: Ok, poor man, please wait a minute.

在哪儿见过? Where have you ever seen these pictures?

1. 这是商场的宣传画

| VIP会员独享 | dúxiǎng | VIP member exclusive |
| 20倍积分 | bèi jīfēn | twenty times cumulative scoring |

2. 这是大学校园里娱乐活动的宣传画：

(1)

VIP 量贩式 KTV　　liàngfànshì　money-saving

(2)

畅所欲言　chàng suǒ yù yán　sing; if you want to
音乐酒屋　yīnyuè jiǔwū　　　music bar

3. 这是北京街头的一个招牌:

置地星座	zhìdì xīngzuò	name of a place
商业中心	shāngyè zhōngxīn	a business centre

4. 这是北京大学校园里的石碑(shíbēi stele):

北京市文物保护单位　　Běijīngshì wénwù bǎohù dānwèi
　　　　　　　　　　　cultural relics protection unit of Beijing
燕京大学　Yānjīng dàxué　Yenching University
未名湖　　Wèimínghú　　Wei Ming Lake in Peking University

星期一

(1) ×   (2) √   (3) ×   (4) ×   (5) ×

星期二

中 → 议 → 众 → 京 → 咨 → 照

(1) ×   (2) √   (3) ×   (4) ×   (5) ×

星期三

耳--------总(聪)　　　土--------也(地)
田--------介(界)　　　日--------月(明)
刑--------土(型)　　　客--------页(额)
日--------生(星)　　　日--------寸(时)

(1) 章子怡因主演《我的父亲母亲》而出名。

(2) 章子怡长着一张典型的东方女子的面孔——黑黑的头发、宽阔的额头、清爽的面容、灵活的眼睛。

(3) 章子怡被人们称为"中国送给好莱坞的礼物"。

星期四

1. 这段话共有 6 句话。

2. 电影(diàn)(yǐng)　　华星(huá)(xīng)　　享受(xiǎng)(shóu)
   良好(liǎng)(hǎo)　　头等舱(tòu)(děng)(cāng)　　观众(guān)(zhóng)

星期五

1. (1) 钱柜——柜子——子女——女士——士兵——兵器
   (2) 周末——末日——日出——出现——现代——代沟

2. (1) 钱柜很有名。
   (2) 钱柜是娱乐场所。
   (3) 在钱柜你能吃到自助餐,比如蛋饼、油饼、麻圆、黄金饼、凉面、西点面包、美味粥。
   (4) 北京钱柜跟其他KTV一样,按时间段收费,不同的时段价格也不一样,周末人多一些,好像比平时要贵。

周末总盘点

答案:选A表明你现阶段最重视的是友情。朋友众多的你,总是借着手机来培养彼此间的友谊与感情,所以对你而言,没有手机就感觉自己好像不存在一样。

选B你现在最重视的一定是爱情。你和他正处于恋爱蜜月期,所以对于他的一切你总是特别珍惜。对你而言,拥有他就像拥有全世界一样,身旁的一切你会觉得毫不在乎。

选C你现在最重视的是自己。也许你正学着如何让自己独力过日子。自己租房子、自己打扫、自己煮东西……过着完全属于自己的生活。

选D你现阶段最重视的亲情。可能是家里的感觉较温馨,或是家教比较严,所以你几乎也没什么休闲活动,有空就会待在家里。

第九周

中国跳水梦之队

难度：★★　　建议时间：2分钟　　字数：90

姚 明

照片	姓名	姚明（Yao Ming）	出生地	中国，上海
	位置	中锋	曾效力球队	CBA上海东方大鲨鱼
	现效力球队	NBA休斯顿火箭（现任主教练：里克·阿德尔曼）	国家队球衣号码	13
休斯顿火箭队球衣号码	11	08奥运号码	13	
赛季最高分	33分	生涯最高分	41分	

（改编自百度网）

这是鸟巢（niǎocháo Bird Nest），2008年8月8日北京举办（jǔbàn to hold）了第29界夏季奥运会，口号："同一个世界，同一个梦想"（One World, One Dream）。

生词 New words

1. 位置　（名）　wèizhi　　position
2. 中锋　（名）　zhōngfēng　center
3. 鲨鱼　（名）　shāyú　　sharks
4. 赛季　（名）　sàijì　　seasons of NBA
5. 生涯　（名）　shēngyá　career

专有名词 Proper names

1. CBA 上海东方大鲨鱼　　Shànghǎi dōngfāng dàshāyú　　Shanghai Sharks
2. 休斯顿火箭　　　　　　Xiūsīdùn huǒjiàn　　　　　　　Houston Rockets

学一学 Grammar

最　　the most

（1）听力考试最高分98分。
（2）我最喜欢吃苹果。
（3）中国是世界上人口最多的国家。

练一练 Exercises

1. 照例子组字

   Combine the following components into a single word

   例：日→十（早）

   石→马（　）　　　禾→子（　）
   八→刀（　）　　　口→玉（　）
   王→求（　）　　　沙→鱼（　）

2. 根据课文内容，回答下列问题

   Answer these questions according to the text

   （1）姚明赛季最高分是多少分？
   （2）姚明生涯最高分是多少分？
   （3）姚明曾效力的球队是什么？

Tuesday

难度：★★★　　建议时间：3分钟　　字数：176

实验中学拔河比赛通知

为了增强学生身体素质，活跃学校气氛，丰富学生课余生活，学校决定在11月22日举行拔河比赛，现将有关事情通知如下：

一、比赛时间：11月22日下午2:10分
二、比赛地点：学校体育场
三、比赛办法：
    1. 各班派出一个代表队，队员必须统一穿校服。
    2. 班主任组织本班选手参加比赛，比赛双方的拉拉队必须在比赛区外加油，不得违规，否则取消本班比赛成绩。
    3. 各场比赛采用三局二胜制。

除了拔河比赛，中国的学校还举行唱歌比赛、书法(shūfǎ calligraphy)比赛、象棋(xiàngqí chinese chess)比赛、跳绳(tiàoshéng rope skipping)比赛、羽毛球(yǔmáoqiú badminton)比赛、英语演讲(yǎnjiǎng (give) a speech or lecture)比赛、诗歌朗诵(shīgē lǎngsòng to recite (poetry, etc.) with expression)比赛等等。

生词 New words

1. 增强	（动）	zēngqiáng	to strengthen
2. 素质	（名）	sùshì	quality
3. 活跃	（动）	huóyuè	to enliven
4. 丰富	（动）	fēngfù	to enrich
5. 统一	（动）	tǒngyī	to universalize
6. 校服	（名）	xiàofú	school uniforms
7. 选手	（名）	xuǎnshǒu	players
8. 拉拉队	（名）	lālāduì	cheerleaders
9. 违规		wéi guī	to get out of line
10. 取消	（动）	qǔxiāo	to cancel

补充词语 Added words

1. 三局二胜制 sān jú èr shèng zhì   if you win two games in three, you win

学一学 Grammar

1. 如下 as follows

（1）考试规则如下。
（2）游览八达岭长城注意事项如下。
（3）包饺子的步骤如下。

2. 否则 or else

（1）老师一堂课不能讲太多东西，否则学生记不住。
（2）你最好多穿点衣服，否则你会感冒的。
（3）我们必须保护环境，否则环境不好的话，会影响我们的身体健康。

练一练 Exercises

1. 请将下列汉字按音序排列

Arrange the following characters in alphabetical order

派　违　加　拔　赛　场

2. 根据课文内容，判断正误（正确的划√，错误的划×）

Decide whether the following statements are true(√) or false(×) according to the text

（1）各班派出一个代表队，队员不用统一穿校服。
（2）拔河比赛时班主任不去体育场。
（3）比赛双方的拉拉队可以在比赛区内加油。
（4）比赛地点在学校体育场。
（5）各场比赛采用三局二胜制。

难度：★★★★　　建议时间：4分钟　　字数：198

中国乒乓球

乒乓球，中国称之为"国球"。中国乒乓球队成立于1952年。从1959年容国团为我国赢得第一个世界冠军到2007年一共为祖国夺得130多个世界冠军,其中邓亚萍一人夺得18枚金牌,刘国梁夺得11个冠军。中国乒乓球队分别在36届、43届、46届世乒赛上包揽全部金牌。创造了世界体坛罕见的长盛不衰的历史奇迹。中国乒乓健儿在几十年的比赛中,还孕育出"人生能有几回搏"、"胜了从零开始"等一系列倡导先进文化的警句、格言和故事,被人们经久传诵。

（改编自百度网）

中国有很多格言、警句,"人生能有几回搏"的意思是人的一生很短,我们都要珍惜(zhēnxī to cherish)时间,努力学习,努力工作。

生词 New words

1.	成立	（动）	chénglì	to establish
2.	夺	（动）	duó	to win
3.	冠军	（名）	guànjūn	champion
4.	届	（量）	jiè	(a measure word) session
5.	包揽	（动）	bāolǎn	to undertake the whole thing
6.	创造	（动）	chuàngzào	to create
7.	长盛不衰		chángshèng bù shuāi	always succeed
8.	孕育	（动）	yùnyù	to produce
9.	搏	（动）	bó	combat
10.	警句	（名）	jǐngjù	epigram
11.	格言	（名）	géyán	motto
12.	传诵	（动）	chuánsòng	be widely read

学一学 Grammar

1. 成立于   to establish in (time)

（1）北京东方有限公司成立于2001年。

（2）北京语言大学乐队成立于1994年。

（3）清华大学足球队成立于2000年。

2. 从……到   from...to

（1）他从早上八点忙到下午三点。

（2）从北京到上海坐火车需要10个小时。

(3) 从家到学校骑车要15分钟。

3. 在……中 in the

(1) 我们在讨论中发现了很多问题。
(2) 在我的眼中她是个很善良的女孩。
(3) 在女子三米跳水中,郭晶晶获得冠军。

 Exercises

1. 这段话共有＿＿＿＿＿＿句话?
   How many sentences in this text?

2. 看拼音,写词语
   Read *Pinyin* and write down words

guàn jūn	shàn liáng	xiān jìn	bǐ sài
( )( )	( )( )	( )( )	( )( )
lì shǐ	qí jì	gù shì	kāi shǐ
( )( )	( )( )	( )( )	( )( )

 难度:★★★★   建议时间:5分钟   字数:180

中国跳水梦之队

从上世纪90年代起,中国队成为世界上的头号跳水强国。进入21世纪后,中国跳水梦之队的名声越来越响,跳水几乎被公认为是为中国人而设的比赛:在2000年的悉尼世界杯跳水赛上,中国队夺得全部13个项目中的10枚金牌;其中田亮一人夺得10米台、10米台双人、男子团体和混合团体4枚金牌,也由此确立了领军人物地位;在女子团体和混合团体两枚金牌的阵容中,"跳水女皇"伏明霞和郭晶晶也在其中。

(改编自央视网)

"梦之队"的意思是很强(qiáng superior)的队伍,能实现梦想(shíxiàn mèngxiǎng realize their dreams)的队伍,或者是很难打败(hěn nán dǎbài very difficult to beat)的队伍。如:"美国男篮梦之队"。

生词 New words

1. 头号	（形）	tóuhào	number one
2. 跳水	（动）	tiàoshuǐ	diving
3. 梦之队	（名）	mèng zhī duì	Dream Team
4. 名声	（名）	míngshēng	reputation
5. 枚	（量）	méi	measure word for small objects
6. 团体	（名）	tuántǐ	team
7. 确立	（动）	quèlì	to establish firmly
8. 领军	（动）	lǐngjūn	leader
9. 阵容	（名）	zhènróng	line-up

补充词语 Added words

1. 10米跳台　　　shímǐ tiàotái　　　ten-meter platform

学一学 Grammar

1. 从……起　　from (indicating the time at which something starts)

（1）我们从7月10号起开始放假。

（2）从小时候起我就喜欢上了文学。

（3）从现在起整个12月都很冷。

2. 被公认为是　　be widely recognized

（1）小丽被公认为是我们班最漂亮的女孩。

（2）天安门广场被公认为是中国最大的广场。

（3）莎士比亚被公认为是英国文艺复兴时期最伟大的剧作家。

练一练 Exercises

1. 把下面的词排列成通顺的句子写下来，再加上标点

Rearrange each group of words into a sentence

（1）跳水　越响　名声　中国　的　越来　梦之队

_____

（2）10米台　的　确立了　人物　地位　田亮　领军

_____

2. 根据课文内容,选择正确答案
Choose the correct answer according to the text

(1) 下面哪个是"跳水女皇"?
   A. 邓亚萍   B. 田亮
   C. 伏明霞   D. 郭晶晶

(2) 在2000年的悉尼世界杯跳水赛上,田亮夺得几枚金牌?
   A. 4   B. 8
   C. 3   D. 5

(3) 什么时候中国队成为世界上的头号跳水强国?
   A. 进入21世纪后   B. 2000年
   C. 从上世纪90年代起   D. 北京奥运会

难度:★★★★★   建议时间:5分钟   字数:190

中国武术

武术源于中国,属于世界。练武不但可以增强人民体质,而且还能倡导一种积极向上的生活方式。因此近年来受到越来越多外国朋友的喜欢。据了解,中国传统武术三大流派之一武当武术的发源地武当山,每年有超过5000人前来学艺,其中包括大批来自世界各地的武术爱好者。他们都被武术独特的文化魅力折服。目前,中国武馆及武术弟子已遍布世界许多国家。而受各国邀请,中国武术也渐渐走出国门,在世界各地进行表演、培训。

(改编自新华网)

中国的武术很有名,历史也很长,中国武术的三大流派是峨眉(Éméi)派、少林派、武当(Wǔdāng)派。

生词 New words

1. 源于	(动)	yuányú	come from
2. 属于	(动)	shǔyú	belong to
3. 体质	(名)	tǐzhì	physique

4. 倡导	（动）	chàngdǎo	to advocate
5. 积极向上		jījí xiàngshàng	positive
6. 流派	（名）	liúpài	faction
7. 发源地		fāyuándì	cradleland
8. 独特	（形）	dútè	unique
9. 魅力	（名）	mèilì	charm
10. 折服	（动）	zhéfú	to admire
11. 遍布	（动）	biànbù	spread all over
12. 培训	（动）	péixùn	to train

学一学 Grammar

1. 不但……而且   not only but also
（1）我们不但认识而且还是好朋友。
（2）跑步不但可以锻炼身体而且还能减肥。
（3）她不但长得漂亮而且心地很好。

2. 被……折服   was impressed by
（1）经过三个月的交往,他终于被她的魅力折服了。
（2）我们都被他那惊人的记忆力折服了。
（3）很多外国人来中国学习,是因为他们被中国的文化折服了。

3. 流派   branches; schools
（1）田园诗派是中国古代的文学流派之一。
（2）听说法是现在很流行的外语教学法之一。
（3）Hip-hop是很受中学生欢迎的音乐流派之一。

4. 据了解   it is reported that
（1）据了解他有三个女朋友。
（2）据了解今年出境旅游的人数已经超过千万。
（3）据了解,现在孩子所接触的东西越来越多,语言也变得越来越丰富。

练一练 Exercises

1. 仿照例子,做词语接龙游戏
According to the examples, play word by word games
例如:邀请——请假——假期——期末——末尾——尾巴
（1）增强
（2）生活

2. 根据课文内容,回答下列问题
   Answer these questions according to the text
   (1) 练习武术有什么作用?
   (2) 中国传统武术有几大流派?
   (3) 武当武术的发源地是哪?
   (4) 为什么有很多外国朋友去武当山学习武术?

 词汇盘点 Key words extended

倡导	确立	增强	丰富
在老师倡导下	确立关系	增强自信心	经验丰富
倡导者	确立地位	增强体质	丰富的知识
起倡导作用	没有确立	增强抵抗力	丰富的想象力

取消	统一	创造	生涯
取消比赛	统一的意见	创造世界纪录	音乐生涯
取消计划	统一的价格	创造有利条件	创作生涯
没有取消	统一的标准	创造奇迹	舞台生涯

玩转周末 Fun weekend

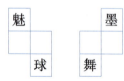

经松一刻 Easy time.

谁的爸爸是最强壮的

小强和王冬在争吵,谁的爸爸是更强壮的一个。

小强说:"你知道太平洋吗?那个坑是我爸爸挖的。"

王冬不屑地说:"那没什么。你知道死海吗?那是我爸爸打死的。"

(改编自内波旅游网)

Whose Father was the Stronger?

Xiao Qiang and Wang Dong were quarrelling about whose father was the stronger.

Xiao Qiang said, "Well, you know the Pacific Ocean? My father's the one who dug the hole for it."

Wang Dong wasn't impressed, "Well, that's nothing. You know the Dead Sea? My father's the one who killed it!"

在哪儿见过? Where have you ever seen these pictures?

1. 这是个体育馆的指路牌:

| 体育馆 | tǐyùguǎn | gym |
| 运动员 | yùndòngyuán | athlete |

2. 在商场里卖运动衣服的地方你可以看到的:

（1）

女子综训　nǚzǐ zōng xùn　　Women's Comprehensive Training

（2）

户外　hùwài　　outdoors
打造　dǎzào　　to make

3. 这是一个游泳培训中心的广告(advertisement)：

常年招生	chángnián zhāoshēng	to enroll new students all year round
随到随学	suí dào suí xué	whenever application, you can learn.
包教包会	bāo jiāo bāo huì	ensure that you can learn to swim

答案 Key to the exercises

星期一

1. 石→马(码)　　　禾→子(季)
   八→刀(分)　　　口→玉(国)
   王→求(球)　　　沙→鱼(鲨)

2. (1)姚明赛季最高分是33分。
   (2)姚明生涯最高分是41分。
   (3)姚明曾效力的球队是CBA上海东方大鲨鱼。

星期二

1. 拔　场　加　派　赛　违
2. (1)×　(2)×　(3)×　(4)√　(5)√

星期三

1. 这段话共有 6 句话。
2. guàn jūn　　shàn liáng　　xiān jìn　　bǐ sài
   (冠)(军)　　(善)(良)　　(先)(进)　　(比)(赛)
   lì shǐ　　　qí jì　　　gù shì　　　kāi shǐ
   (历)(史)　　(奇)(迹)　　(故)(事)　　(开)(始)

星期四

1. (1)跳水　越响　名声　中国　的　越来　梦之队
      中国跳水梦之队的名声越来越响。
   (2)10米台　的　确立了　人物　地位　田亮　领军
      田亮确立了10米台的领军人物地位。
2. (1)CD　　(2)A　　(3)C

星期五

1. (1)增强——强大——大人——人间——间谍——碟子
   (2)生活——活泼——泼水——水杯——杯子——子女
2. (1)练武不但可以增强人民体质,而且还能倡导一种积极向上的生活方式。
   (2)中国传统武术有三大流派。
   (3)武当武术的发源地是武当山。
   (4)练武不但可以增强人民体质,而且还能倡导一种积极向上的生活方式。他们都被武术独特的文化魅力折服。因此近年来受到越来越多外国朋友的喜欢。

玩转周末

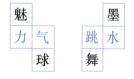

第十周

儿子最爱听我讲故事

难度：★★　　建议时间：2分钟　　字数：125

中国的基础教育

我国基础教育包括幼儿教育、小学教育、普通中等教育。初中、普通高中、职业高中和中专都属于中等学校。普通中学分为初中和高中，学制各为3年，初中毕业生一部分升入高中，一部分升入职业高中和中专。据2002年统计，全国共有中等学校93968所，在校生9415.21万人。中等学校一般由地方政府兴办。

（改编自百度百科网）

小贴士

中国的小学教育是六年，初中三年，小学和初中是义务教育（compulsory education），是免费的。高中三年，高中毕业（graduation）后参加高考（university or college entrance examination）上大学。

生词 New words

1. 基础	（名）	jīchǔ	basic; elementary
2. 学制	（名）	xuézhì	a school system
3. 升入	（动）	shēngrù	enjoy access to (school)
4. 所	（量）	suǒ	a measure word of (school)
5. 一般	（形）	yìbān	generally
6. 政府	（名）	zhèngfǔ	the government
7. 兴办	（动）	xīngbàn	to initiate

补充词语 Added words

1. 幼儿教育　　　yòuér jiàoyù　　　　　　infant education
2. 小学教育　　　xiǎoxué jiàoyù　　　　　primary school education
3. 普通中等教育　pǔtōng zhōngděng jiàoyù　regular secondary education
4. 职业高中　　　zhíyè gāozhōng　　　　　vocational high school
5. 中专　　　　　zhōngzhuān　　　　　　　technical secondary school

学一学 Grammar

1. 包括　　to consist of; to include

(1)《学汉语》这本书包括十二个话题。
(2) 最常见的日常对话,包括问候,告别等等。
(3) 报名时你要带的东西包括身份证、学生证。

2. 属于　　to belong to

(1) 这些钱是属于他的。
(2) 哪个东西不属于你的?
(3) 这些书只有一部分是属于我的。

3. 一部分……一部分……　　a part of ... a part of ...

(1) 我们班的学生一部分来自北京,一部分来自上海。
(2) 我们班的女生一部分有男朋友,一部分没有男朋友。
(3) 我们班的男生一部分喜欢打乒乓球,一部分喜欢打保龄球。

练一练 Exercises

1. 请将下列汉字按音序排列
   Arrange the following characters in alphabetical order

   幼　通　所　万　政　础

2. 根据课文内容,选择正确答案
   Choose the correct answer according to the text

   (1) 下面不属于基础教育的是(　)
   　　A. 幼儿教育　　B. 小学教育　　C. 普通中等教育　　D. 高等教育
   (2) 下面不属于中等学校的是(　)
   　　A. 大学　　　　B. 普通高中　　C. 职业高中　　　　D. 中专

(3) 下面不属于普通中学的是(　)
　　A.初中　　B.普通高中　C.职业高中　D.中专
(4) 初中生毕业以后都去哪了?
　　A.升入职业高中和中专　B.升入大学　C.工作

难度:★★★　建议时间:2分钟　字数:124

暑期中国书法青少年培训班招生简章

　　为了使爱好书法的青少年在暑假过得更有意义,我们从7月18日到7月24日举办书法培训班。
　　1.报名方法:身份证复印件一张、一寸照片一张,报名费30元。
　　2.食宿安排:每天自助餐,住宿学生公寓。
　　3.收费标准:1200元。
　　4.报名时间:7月10日—7月17日
　　5.电话:010-6528****,6524****

(改编自书艺公社网)

中国的学生暑假和寒假会参加很多培训班,比如书法、钢琴(piano)、舞蹈(dance)、英语、数学、体育等等。

生词 New words

1. 书法	(名)	shūfǎ	penmanship
2. 青少年	(名)	qīngshàonián	adolescent
3. 暑假	(名)	shǔjià	summer vacation
4. 意义	(名)	yìyì	significance
5. 举办	(动)	jǔbàn	to hold
6. 身份证	(名)	shēnfènzhèng	identity card
7. 复印件	(名)	fùyìnjiàn	copy
8. 寸	(量)	cùn	a unit of length

9. 报名费	（名）	bàomíngfèi	application fee
10. 食宿	（名）	shísù	board and lodging
11. 安排	（动）	ānpái	to arrange
12. 公寓	（名）	gōngyù	apartment

补充词语 Added words

| 1. 培训班 | péixùnbān | training class |
| 2. 招生简章 | zhāoshēng jiǎnzhāng | school admission brochure |

学一学 Grammar

1. V+得

动词或形容词后用"得"连接的是说明动作或事物性质所达到程度的补语，是程度补语。

If "得" is used after a verb or an adjective and followed by a complement to show what degree an action or a thing has reached, this complement is called a complement of degree.

（1）丽丽把房间打扫得很干净。
（2）玛丽的汉语说得好极了。
（3）我高兴得跳了起来。

2. 更   more

"更"表示程度的加深。"更" can be used to indicate the increase of the degree.

（1）奥运会的口号是更快、更高、更强。
（2）为了学好汉语，他更加努力地学习。
（3）为了让她过得更加开心，他每天都努力挣钱。

练一练 Exercises

1. 仿照例子根据部首写汉字

Modeled on the examples, write down Chinese characters according to the radicals

纟→

彳→

钅→

扌→

2. 根据课文内容,判断正误(正确的划√,错误的划×)
   Decide whether the following statements are true(√) or false(×) according to the text
   (1) 为了使青少年的书法写得更好,我们举办书法培训班。
   (2) 书法培训班的报名时间持续半个多月。
   (3) 书法培训班不收报名费。
   (4) 书法培训班每个人要交1200元。
   (5) 书法培训班报名时要交身份证复印件一张、一寸照片两张。
   (6) 参加书法培训班的学生吃自助餐、住学生公寓。

难度:★★★★ 建议时间:4分钟 字数:141

《宝宝学知识》

价格:￥15.00

产品分类:VCD

内容简介:折纸是充满创造性的游戏活动,本片介绍了一些最基本的折纸方法,在此基础上,从简单到复杂,循序渐进地指导小朋友折出很多的作品,比如小鸭子、风车、向日葵、百合花、钢琴、服装等等。在小朋友学会了一些方法后,老师和家长可以鼓励小朋友举一反三,创造出更多的作品。

(改编自卓越网)

折纸起源于中国,后来传到日本。

生词 New words

1. 分类　　(名)　fēnlèi　　classification
2. 简介　　(名)　jiǎnjiè　　brief introduction
3. 折纸　　(名)　zhézhǐ　　paper folding

4. 充满	（动）	chōngmǎn	be filled with
5. 创造性	（名）	chuàngzàoxìng	creativity
6. 基本	（形）	jīběn	basic
7. 简单	（形）	jiǎndān	simple
8. 复杂	（形）	fùzá	complicated
9. 循序渐进		xún xù jiàn jìn	follow in proper sequence
10. 指导	（动）	zhǐdǎo	to guide
11. 风车	（名）	fēngchē	windmill
12. 向日葵	（名）	xiàngrìkuí	sunflower
13. 百合花	（名）	bǎihéhuā	lily
14. 鼓励	（动）	gǔlì	to encourage
15. 举一反三		jǔ yī fǎn sān	infer the whole from a single instance

学一学 Grammar

1. 比如……等等   for example...and so on

"比如……等等"用来表示不完全列举。

"比如等等"can be used to indicate incomplete list.

（1）我喜欢吃水果比如苹果、草莓、香蕉等等。

（2）小明喜欢运动比如打篮球、踢足球、跑步等等。

（3）我会做很多菜比如鱼香肉丝、水煮鱼、西红柿炒鸡蛋等等。

2. (在)……后   after doing something

"在"也可以省略。"在"can be omitted.

（1）在参观完颐和园后，我更加喜欢它了。

（2）听完这个故事后，她哭了。

（3）洗完澡后他就睡觉了。

练一练 Exercises

1. 照例子写出汉字的部件

According to the examples, write down Chinese characters components

折→   简→   花→

社→   版→   造→

2. 根据课文内容,判断正误(正确的划√,错误的划×)

   Decide whether the following statements are true(√) or false(×) according to the text

   (1)《宝宝学知识》是一本书。
   (2)《宝宝学知识》一个15块钱。
   (3)《宝宝学知识》是介绍了一些最基本的折纸方法的VCD。
   (4)小朋友可以用纸折叠出小鸭子、风车、向日葵、百合花、钢琴、服装等等。

难度:★★★★　　建议时间:4分钟　　字数:130

上海市特殊教育学校手工才艺展

　　为了充分发挥聋哑学生的才能,5月4日,上海市特殊教育学校开展了才艺展示活动。学校200名聋哑学生都参加了这次活动。这次活动共收到作品一百多件。他们的作品是用贝壳、大米、棉线、毛线、纸杯做成的。通过此项活动,孩子们更自信了,老师对孩子的学习兴趣、能力培养也更重视了。

(改编自吴江新闻网)

这张照片上跳舞的女孩都是聋哑人,她们跳的舞的名字是"千手观音",这个舞蹈在中国很有名。

生词 New words

1. 充分	(副)	chōngfèn	take full advantage of
2. 聋哑		lóngyǎ	a deaf-mute
3. 才能	(名)	cáinéng	talent
4. 开展	(动)	kāizhǎn	to launch
5. 作品	(名)	zuòpǐn	works (of art)
6. 贝壳	(名)	bèiké	shell
7. 棉线	(名)	miánxiàn	cotton thread

8. 毛线	（名）	máoxiàn	woolen yarn
9. 纸杯	（名）	zhǐbēi	paper glass
10. 培养	（动）	péiyǎng	to cultivate; to bring up
11. 重视	（动）	zhòngshì	to value; to attach importance to

补充词语 Added words

| 1. 特殊教育学校 | tèshū jiàoyù xuéxiào | special education school |
| 2. 手工才艺展 | shǒugōng cáiyì zhǎn | the exhibition of hand-talent |

学一学 Grammar

1. 数词 + 多 + 量词 over

"数词 + 多 + 量词"表示大概的数字。

"数词 + 多 + 量词" can be used to indicate approximate number.

（1）我们班有二十多个人。

（2）小明的体重是一百五十多斤。

（3）他一个月挣三千多块钱。

2. 是……的 It is...that (who)

"是……的"是一个表示强调的句式，它可以强调时间、地点、方式等等。表示事情已经发生。"是……的" is used to emphasize. It can emphasize the time, place, and so on. It can indicate things that have happened.

（1）今天我是骑自行车去学校的。

（2）小强是7月20号到的北京。

（3）昨天我是和小丽一起去的王府井。

3. 是用……做成的 be made of (from)

（1）这张桌子是用木头做成的。

（2）这件裙子是用丝绸做成的。

（3）这个杯子是用玻璃做成的。

练一练 Exercises

根据课文内容，回答问题

Answer these questions according to the text

（1）上海市特殊教育学校为什么开展才艺展示活动？

（2）学校有多少名聋哑学生？

(3) 上海市特殊教育学校才艺展示活动什么时候开始？
(4) 这次活动共收到多少件作品？
(5) 聋哑学生的作品是用什么做成的？
(6) 通过此项活动，孩子们和老师有什么变化？

难度：★★★★　　建议时间：4分钟　　字数：183

早期教育

　　我的儿子萌萌，今年六岁。为了让孩子养成读书的习惯，我想了很多办法。儿子最爱听我讲故事。最初我只把故事讲到一半，每当讲到精彩的地方，就拍拍他的头说："你看，九点了，该睡觉了，就讲到这里吧。"为了看到结局，他不得不自己看。开始我选择简短带拼音的，以后就给他没有拼音、篇幅较长的优秀少儿读物，让他自己去猜字。就这样，我慢慢放手让他自己阅读。现在，儿子的词汇量一天比一天多。

（改编自太平洋亲子网）

中国的家长对孩子的教育非常重视，在孩子很小的时候就让他们读书、学写汉字，家长每天都会辅导孩子的学习。

生词 New words

1. 养成	（动）	yǎngchéng	to form; to cultivate
2. 最初	（名）	zuìchū	the very beginning
3. 精彩	（形）	jīngcǎi	splendid; outstanding
4. 结局	（名）	jiéjú	an outcome; an ending
5. 简短	（形）	jiǎnduǎn	brief; short
6. 优秀	（形）	yōuxiù	excellent; outstanding
7. 少儿	（名）	shào'ér	juvenile
8. 读物	（名）	dúwù	reading material
9. 猜	（动）	cāi	to guess

| 10. 放手 | fàng shǒu | let go; have a free hand |
| 11. 词汇量 | cí huìliàng | quantity of vocabulary |

学一学 Grammar

1. 一半　half

（1）我们班差不多一半同学都学过英语。
（2）每个月交的生活费里有一半是菜钱。
（3）他话只说了一半，就不愿意再说了。

2. 不得不　have no choice but; have to

（1）为了参加模特大赛，她不得不减肥
（2）为了生活下去，他不得不做他不喜欢的工作。
（3）由于身体不好，她不得不提前几年退休。

3. 一天比一天+adj

"一天比一天+adj"表示程度的加深。
"一天比一天+adj" indicates the degree is deepening.
（1）我们班的女生一个比一个漂亮。
（2）夏天来了，天气一天比一天热。
（3）这段时间他一天比一天忙。

练一练 Exercises

连线，组成短语，并给汉字找到正确的声母

Match and form a phrase, find the correct initials for the Chinese characters

养成	读物	篇幅	pāi
想	故事	阅读	méng
讲	习惯	拍	yuè dú
少儿	办法	萌	piān fú

词汇盘点 Key words extended

升入	兴办	意义	安排
升入重点高中	兴办学校	意义深远	没有安排
升入大学	兴办银行	没有意义	安排工作
升入天堂	兴办公司	意义重大	明天的安排

猜	放手	开展
猜不透	放手去爱	没法开展
猜谜语	对孩子放手	设法开展
猜猜我是谁	不敢放手	开展活动

玩转周末 Fun weekend

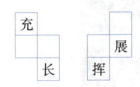

经松一刻 Easy time.

好孩子

小明向妈妈要一块钱。

"昨天给你的钱干什么了?"

"我给了一个可怜的老太婆,"他回答说。

"你真是个好孩子,"妈妈骄傲地说。"再给你一块钱。可你为什么对那位老太太那么感兴趣呢?"

"她是个卖糖的。"

(改编自中国教育文摘网)

A Good Boy

Xiao Ming asked his mother for one yuan.

"What did you do with the money I gave you yesterday?"

"I gave it to a poor old woman," he answered.

"You're a good boy," said the mother proudly.

"Here are one yuan more. But why are you so interested in the old woman?"

"She is the one who sells the candy."

在哪儿见过? Where have you ever seen these pictures?

1. 这是北京市一个小学的门牌：

北京市西城区　　BěijīngShì XīchéngQū　　District, Beijing
西单小学　　　　Xīdān Xiǎoxué　　　　　　Primary School

2. 街头的一个广告：

雅思　　　　　　yǎsī　　　　　　　　　　IELTS (the International English Language Testing System)
京港名师团队　　jīng-gǎng míngshī tuánduì　　Beijing-Hong Kong eminent teacher team

3. 走在校园里你可以看到的教育广告：
   (1)

数学　　　　shùxué　　　　mathematics
玩游戏　　　wán yóuxì　　　to play games

（2）

巨人教育	Jùrén Jiàoyù	Giant Education, name of an educational company in Beijing
秋季班	qiūjì bān	classes in autumn
火热报名	huǒrè bào míng	to sign up popularly
科	kē	discipline

4. 北京前门卖文具的小商店的广告：

| 最新发明专利产品 | zuì xīn fāmíng zhuānlì chǎnpǐn New Invention Patent |
| 提高学习效率5倍以上 | tígāo xuéxí xiàolǜ wǔ bèi yǐshàng enhance learning efficiency more than five times |

星期一

1. 础→所→通→万→幼→政

2. (1) D (2) A (3) D (4) A

星期二

1. 纟→组、红、经、给

    彳→很、行、往、徐

    钅→铁、镜、钱、银

    扌→拍、排、摄、把

2. (1) × (2) × (3) × (4) √ (5) × (6) √

星期三

1. 折→扌+斤　　简→⺮+间　　花→艹+化

    孩→子+亥　　版→片+反　　造→辶+告

2. (1) × (2) √ (3) √ (4) √

星期四

(1) 为了充分发挥聋哑学生的才能。

(2) 学校有200名聋哑学生。

(3) 上海市特殊教育学校才艺展示活动5月4日开始。

(4) 这次活动共收到一百多件作品。

(5) 他们的作品是用贝壳、大米、棉线、毛线、纸杯做成的。

(6) 通过此项活动,孩子们更自信了,老师对孩子的学习兴趣、能力培养也更重视了。

星期五

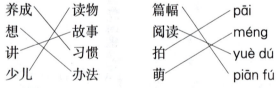

玩转周末

第十一周

弄堂是上海的精髓

难度：★★★　　建议时间：5分钟　　字数：198

国内线路

从北京到河北省　　RMB298/人

北戴河 南戴河两日游

推荐行程：

第一天：北京—北戴河

行程：早7:30 在东三环丰树大厦门口集合乘车前往北戴河。7:45 发车赴北戴河开始旅行。车程约3.5小时，途经天津、唐山等地。中餐后游览景区。

　　交通：汽车　　住宿：北戴河

第二天：北/南戴河—北京

行程：观海上日出、赶海、拾贝。早餐后从北戴河出发游览景区，车程40分钟左右。

　　交通：汽车

费用包含：

1 住宿：双人标准间；

2 交通：空调旅游用车；

3 其他：旅行社责任保险。

（改编自北青旅网）

北戴河在河北省秦皇岛市的西边，是中国最早的海滨度假区。

生词 New words

1. 推荐 （动） tuījiàn to recommend; to commend; to put sb. up (for sth.)
2. 行程 （名） xíngchéng route or distance of travel
3. 大厦 （名） dàshà mansion; block
4. 集合 （动） jíhé to assemble; to collect; to concentrate; to gather; to round up
5. 赴 （动） fù to go to
6. 日出 （名） rìchū sunrise
7. 赶海 gǎn hǎi beach comb
8. 责任 （名） zérèn duty; responsibility
9. 保险 （名） bǎoxiǎn insurance

学一学 Grammar

 or so; about

用在数量后面,表示跟这个数量差不多的数。

It is used after a number, meaning more or less the same.

（1）一斤苹果3块钱左右。

（2）我的叔叔五十岁左右。

（3）我花了两个小时左右的时间做完了今天的作业。

练一练 Exercises

根据课文内容,选择正确答案

Choose the correct answer according to the text

1. 从北京到北戴河的车程约（ ）
   A. 40分钟   B. 3个小时   C. 3个半小时   D. 3小时40分钟
2. 这条旅游线路的交通工具是（ ）
   A. 火车   B. 汽车   C. 飞机   D. 轮船
3. 第二天旅行社提供（ ）
   A. 早饭   B. 午饭   C. 晚饭   D. 什么也不提供

 难度：★★★　建议时间：4.5分钟　字数：192

城市名片

老舍茶馆位于前门。茶馆内部以<u>传统</u>的中式装饰为主，颜色比较深，宫灯、红木桌椅及舞台都<u>古色古香</u>。在这里，可以饮茶，可以点菜，还有烤鸭供应。

到老舍茶馆饮茶要上三楼。茶叶的<u>品种</u>以花茶、绿茶为多，配茶的小点心是自制的，品种较多，有一定的特色。

老舍茶馆的客人以外国<u>游客</u>和国内外地旅游者为多。每周的星期一、三、五下午都有<u>京剧</u>演唱，精彩热闹。家里要是来了外国朋友或者外地<u>亲戚</u>，老舍茶馆是一个<u>招待</u>的好地方。

（改编自快乐品茗网）

 老舍（1899.2.3—1966.8.24）：原名舒庆春，戏剧家（dramatist）、著名作家（famous writer）。

生词 New words

1. 茶馆	（名）	cháguǎn	a teahouse; a tea shop; a tea room
2. 传统	（名）	chuántǒng	conventions; traditions
3. 宫灯	（名）	gōngdēng	Chinese palace lantern
4. 古色古香		gǔ sè gǔ xiāng	antique; quaint; hoary; vintage; archaic
5. 品种	（名）	pǐnzhǒng	variety
6. 游客	（名）	yóukè	traveler; tourist
7. 京剧	（名）	jīngjù	Beijing opera
8. 亲戚	（名）	qīnqi	relative
9. 招待	（动）	zhāodài	to give an entertainment to sb.; to serve (customers)

学一学 Grammar

1. 以……为主   to take...as the dominate factor

（1）学生应该以学习为主。

（2）中国现在以经济发展为主。

（3）法拉利(Ferrari)汽车主要以红色为主，所以有人称它为红魔法拉利。

2. 要是   if

连接分句，表示假设关系，可以跟"的话"配合使用。

Connect clauses, indicating assumptions, and can be used with "的话" together.

（1）要是下雨怎么办？

（2）要是去看电影，我就不去了。

（3）要是参观故宫的话，我一定去。

练一练 Exercises

在空格中填上一个汉字，使得上下左右能组成一个新的汉字

Fill in the blanks with a character to form a new character around

1. 中　日　子
　　　　火

2. 大　良　青
　　　　唐

 瀑 布

去年十一长假，我约了几个朋友去长白山。秋天的山里美极了，而且到处都是<u>蘑菇</u>、<u>山核桃</u>和松果。

我们一路走走玩玩。突然发现前方左侧有一个小<u>瀑布</u>。我很<u>纳闷儿</u>，因为我刚刚朝这边看过，绝对没有瀑布，也没听见任何声音。

我决定一探究竟，就跟一个体力好的朋友爬上瀑布，发现源头是个大管子在放水。这时，一个<u>采摘</u>山核桃的老乡走过来。我就问他："大爷，怎么刚才我们没有看见'瀑布'啊？"老大爷乐呵呵地说："这不是到了旅游季节吗？每天早上9点开始放水，没有瀑布。"

（改编自《京华时报》）

  长白山,在吉林省东南边,是中国东北最高的部分。

生词 New words

1. 蘑菇	(名)	mógu	mushroom
2. 山核桃	(名)	shānhétao	[Botany] hickory
3. 松果	(名)	sōngguǒ	pine nut; pinecone
4. 瀑布	(名)	pù bù	waterfall; cataract; cascade
5. 纳闷儿	(动)	nàmènr	[Informal] to feel baffled
6. 究竟	(名)	jiūjìng	outcome
7. 源头	(名)	yuántóu	source of a river
8. 采摘	(动)	cǎizhāi	to pluck; to pick

学一学 Grammar

1. 走走　to take a stroll

动词可以重叠使用,单音节动词的重叠形式是"AA",如"看看""说说"。双音节动词的重叠形式是"ABAB",如"学习学习"、"休息休息"。

Verbs can be used in a reduplicated way. The reduplicated form of a monosyllabic is "AA", such as "看看", "说说". The reduplicated form of a disyllabic one is "ABAB", such as "学习学习", "休息休息".

（1）小王,快醒醒,要迟到了!
（2）打开空调,让大家凉快凉快。
（3）快点把这个消息告诉他,让他高兴高兴。

2. 不是……吗?　Isn't...?

用否定形式发问的反问句,用来强调肯定。

The sentence pattern is used to counter with a question that needs no answer. Its stress is on a positive view or fact.

（1）你不是也爱吃苹果吗?
（2）你不是也喜欢旅游吗?
（3）今天不是小王的生日吗?

练一练 Exercises

根据课文内容,判断正误

Decide whether the following statements are true(√) or false(×) according to the text

1. 秋天的长白山上有很多蘑菇、山核桃和松果。
2. 我一开始就看见了这个小瀑布。
3. 瀑布的源头是个大管子在放水。
4. 那个老乡在长白山上采摘松果。
5. 现在不是旅游季节。
6. 这个瀑布不是真的,是一个管子每天九点开始放水。

难度:★★★★　建议时间:4分钟　字数:170

阳朔西街

西街是阳朔县城内一条古老的街道,有1400多年的历史,位于县城中心,全长1180米。西街是一条充满西方色彩的洋人街。因为它的存在,让整个阳朔充满了无限的温暖,每一个去过阳朔西街的人都感受到回家的感觉,作为中国第一条洋人街,最大的外语角,它是名副其实的地球村。石板路、酒吧、餐馆、旅店、民间艺术家、旅游纪念品、攀岩吧、不同肤色的旅游者……西街上是应有尽有。

（改编自遛桂林网）

阳朔,在桂林市东南边,自然风景很美,是中国的旅游名县。

生词 New words

1. 存在	（名）	cúnzài	being; existence
2. 无限	（形）	wúxiàn	limitless; boundless

3. 感受	（动）	gǎnshòu	to experience; to feel
4. 感觉	（名）	gǎnjué	feeling; perception; sense
5. 名副其实		míng fù qí shí	be worthy of the name
6. 应有尽有		yīng yǒu jìn yǒu	to have everything that one expects to find

学一学 Grammar

作为 as

（1）作为中国的首都,北京发展得很快。
（2）作为一名老师,我应该对学生负责。
（3）作为朋友,你应该帮助他。

练一练 Exercises

仿照例子,做词语接龙游戏

According to the examples, play word by word games

例如:邀请——请假——假期——期末——末尾——尾巴

（1）中心
（2）旅游
（3）古老

难度:★★★★　建议时间:4分钟　字数:183

上海的弄堂

弄堂是上海的精髓,没有弄堂也就没有现在的上海人。上海人的性格是在曲曲折折的弄堂里培养出来的。阔大的四合院走出了北京人,曲折的弄堂走出了上海人。上海弄堂都是很狭窄的,你不能开车进去,你要是怕走路,最好能租一辆自行车。一般来说,上海弄堂是家常的。一扇小木门里住七八户,女人披头散发地刷马桶,阿婆在水池边洗菜,男人光着上身听越剧,小孩子含着棒棒糖跑来跑去——这就是上海的弄堂。

（改编自中国旅游网）

越剧是中国传统的戏曲形式,在浙江、江苏、上海、福建等地比较流行。

生词 New words

1. 精髓	（名）	jīngsuǐ		the pith (and marrow) of
2. 曲折	（形）	qūzhé		tortuous; winding
3. 狭窄	（形）	xiázhǎi		narrow
4. 家常	（名）	jiācháng		commonplace
5. 扇	（量）	shàn		a measure word for doors
6. 披头散发		pī tóu sàn fà		with hair dishevelled
7. 刷	（动）	shuā		to brush
8. 马桶	（名）	mǎtǒng		a nightstool; a closestool
9. 棒棒糖	（名）	bàngbàngtáng		a lollipop

专有名词 Proper names

1. 越剧　　　　Yuèjù　　Shaoxing opera (prevalent in Zhejiang and Shanghai)

学一学 Grammar

1. 没有A也就没有B Without A there is no B

（1）没有阳光也就没有植物。
（2）没有他的帮助也就没有今天的我。
（3）没有胡同也就没有现在的北京人。

2. 曲曲折折 tortuous; winding

　　形容词可以重叠使用，单音节形容词的重叠形式是"AA"，如"大大"，"胖胖"。双音节形容词的重叠形式是"AABB"，如"曲曲折折""干干净净""漂漂亮亮"。形容词重叠做定语和谓语具有描写作用，做状语和补语可以表示程度深。

　　Adjectives can be used in a reduplicated way. The reduplicated form of a monosyllabic is "AA", such as "大大", "胖胖". The reduplicated form of a disyllabic one is "AABB", such as "曲曲折折", "干干净净", "漂漂亮亮". Reduplicated adjectives acting as an attribute or a predicate have a descriptive function, while acting as an adverbial or a complement they indicate a high degree.

（1）他把屋子打扫得干干净净的。
（2）她是一个地地道道的家庭主妇。
（3）她把自己打扮的漂漂亮亮的。

3. V+着

　　"V+着"表示动作或状态的持续。否定形式是"没(有)着"。

The structure "V+着" indicates the continuation of an action. The negative form of this sentence pattern is "没(有)着".

(1) 上课时,老师站着,学生们坐着。

(2) 爷爷戴着眼镜。

(3) 窗户没开着,关着呢。

4. V+来+V+去

"V+来+V+去"表示动作反复进行。

The structure "V+来+V+去" indicates the repetition of an action.

(1) 听来听去我还是觉得王菲的歌最好听。

(2) 这部电影他看来看去不知道看过多少遍了。

(3) 吃来吃去我还是觉得北京烤鸭最好吃。

练一练 Exercises

1. 照例子写出汉字的部件

According to the examples, write down Chinese characters components

例:张→弓+长

弄→	折→	棒→
堂→	常→	扇→
菜→	跑→	越→

2. 根据课文内容,回答问题

Answer these questions according to the text

(1) 上海人的性格怎么样?

(2) 怎样逛上海弄堂最好?

(3) 为什么说弄堂是上海的精髓?

(4) 上海的弄堂是什么样子的?

(5) 在上海的弄堂里你能看到什么?

 词汇盘点 Key words extended

感受	培养	招待
有什么感受	培养感情	招待客人
特别的感受	培养人才	招待的好地方
感受生活	培养兴趣	招待会
感受家庭的温暖	培养语感	

推荐	责任
推荐信	有责任
推荐他当班长	承担责任
推荐她参加比赛	一种责任

玩转周末 Fun weekend

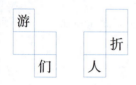

Easy time.

心不在焉的丈夫

我陪丈夫一起出差,他拉着我们的旅行箱。出口处机场检查员要他打开包。旅行箱锁了,检查员耐心地等着我那尴尬的丈夫设法回想起密码。最后他终于想起来了。

"你为什么那么紧张呢?"我问他。

"这密码是我们结婚纪念日。"他承认道。

(改编自沙龙网)

An Absent-minded Husband

I was accompanying my husband on a trip. He carried our luggage with him, and the guard at the airport gate asked him to open the case. It was locked, and the man waited patiently as my embarrassed spouse struggled to remember the combination. At last he succeeded.

"Why are you so nervous?" I asked him.

"The numbers are the date of our anniversary." my husband confessed.

在哪儿见过? Where have you ever seen these pictures?

1. 这是一家宾馆门口的装饰:

迎客石　　yíng kè shí　　Welcoming Guests Stone

2. 在公园里,你会看到:
（1）

棋牌广场	qí pái guǎngchǎng	chess area
静雅园	Jìng yǎ yuán	Jingya Garden
空竹	kōngzhú	diabolo
奥运	Àoyùn	Olympic
露天	lùtiān	outdoor
剧场	jùchǎng	theater
杏林春雨	Xìng lín chūn yǔ	Apricot Garden

(2)

保护	bǎohù	to protect
绿地	lǜdì	green areas
自然	zìrán	nature

3. 走在路上，你会看到：

(1)

复兴门	Fùxīng mén	name of a place in Beijing
公安局	gōng'ānjú	public security bureau
监制	jiānzhì	to supervise the manufacture of

(2)

招待所　　zhāodàisuǒ　　guest house; hostel

答案 Key to the exercises

星期一
1. C　　2. B　　3. A

星期二
1. 禾　　2. 米

星期三
1.（√）　2.（×）　3.（√）　4.（×）　5.（×）　6.（√）

星期四
（1）中心——心意——意外——外面——面包——包子
（2）旅游——游泳——泳衣——衣服——服务——务必
（3）古老——老人——人民——民主——主题——题目

星期五
1. 弄→王+廾　　折→扌+斤　　棒→木+丰
　堂→⺌+呈　　常→⺌+吊　　扇→户+羽
　菜→艹+采　　跑→足+包　　越→走+戉

2.（1）上海人的性格是在曲曲折折的弄堂里培养出来的。
（2）不能开车进去,最好能租一辆自行车。
（3）因为没有弄堂也就没有现在的上海人。
（4）上海弄堂是家常的。
（5）一扇小木门里住七八户,女人披头散发地刷马桶,阿婆在水池边洗菜,男人光着上身听越剧,小孩子含着棒棒糖跑来跑去——这就是上海的弄堂。

玩转周末

第十二周

金婚老夫妇的地铁婚礼

难度：★★★　　建议时间：3分钟　　字数：190

"主妇我最美"模特大赛

5月9号上午，上海举行了"主妇我最美"模特大赛。本次大赛中的主妇无一例外都是做饭的高手。8号主妇周洁更是一位快乐主妇。主持人采访时得知，她是一位地道的家庭主妇。谁说家庭主妇都是黄脸婆？她第一个举手反对。由于老公忙于工作，家里的活都落在了她的肩上，没有不理解、没有埋怨，主妇枯燥的生活并没有使她放弃对生活的热爱。为了提升自己，除了做好主妇之外，她还不断练习书法、国画、剪纸、摄影等。

（改编自今晨6点电子报）

中国真正的家庭主妇很少，女人们除了要做家务，还要去上班。不过，随着女人地位的提高，男人做饭的越来越多。

生词 New words

1. 无一例外		wú yī lìwài	without exception
2. 高手	（名）	gāoshǒu	an expert; a master-hand
3. 采访	（动）	cǎifǎng	to cover (some event); to interview
4. 地道	（形）	dìdao	pure; typical
5. 枯燥	（形）	kūzào	boring; uninteresting; dull
6. 放弃	（动）	fàngqì	to abandon; to give up
7. 热爱	（动）	rè'ài	to love fervently
8. 提升	（动）	tíshēng	to promote; to upgrade
9. 不断	（形）	búduàn	unceasing; continuous

补充词语 Added words

1. 主妇　　zhǔfù　　　　　housewife
2. 黄脸婆　huángliǎnpó　　generally refers to some middle-aged married women, as a result of many trivial things in life and no time to attend their own appearance, resulting in relatively aging face looks.

学一学 Grammar

1. 无一例外　without exception

"无一例外"表示都,全部。

The structure"无一例外"indicates that there is without exception.

（1）我们班无一例外都去过长城了。

（2）我们家无一例外都喜欢吃辣的。

（3）他们几个无一例外地都喜欢看中国的电影。

2. 第一个　the first

"第+数量短语"表示序数,如"第二次""第三个星期""第八排座位"。有时数词本身也表示序数,可以不加"第",如"三楼"、"二月十四号"、"五年级"、"三号院"。

"第+a numeral-classifier compound" indicates an ordinal number, such as "第二次", "第三个星期" and "第八排座位". Sometimes a numeral itself, such as "三楼", "二月十四号", "五年级", "二十二岁", and "第" are omitted.

（1）这是我妈妈给我买的第一条裙子。

（2）我住在九层909号。

（3）我的女儿在五年级。

练一练 Exercises

1. 请将下列汉字按笔画顺序排列

Arrange the following characters in stroke order

主　最　漂　妇　我　亮

2. 根据课文内容,回答问题

Answer these questions according to the text

（1）上海举行了什么大赛？

（2）本次大赛中的主妇做饭做得怎么样？

(3) 8号选手是个黄脸婆吗?
(4) 除了做好主妇之外,她还会什么?
(5) 家里的活都落在了她的肩上时,她什么态度?

难度:★★★　建议时间:3.5分钟　字数:210

金婚老夫妇的地铁婚礼

家住北京的王女士对记者说,她和丈夫是1960年结婚的,当时家里生活比较<u>困难</u>,根本就没有穿过<u>婚纱</u>,感到非常<u>遗憾</u>。正好地铁举办集体婚礼又没有年龄限制,于是和老伴一<u>商量</u>就参加了地铁婚礼。"每年结婚<u>纪念</u>我们都会<u>庆祝</u>一下,今年我<u>刚好</u>70岁,又是<u>金婚</u>50年。"王女士开心地说。"以前生活条件不好,好不容易把两个孩子<u>养</u>大,一转眼我们都老了,但是我现在过得很幸福,孙子今年21岁了,在德国念书,子女都有<u>令人满意</u>的工作,我<u>退休</u>在家就想多参加社会活动。"

(改编自扬子晚报网)

退休:中国人的退休年龄,男人是60岁,女人是55岁。中国的老人退休以后大部分会帮忙照顾孙子(grandson)、孙女(granddaughter),还有的老人每天去公园打太极拳、练剑等。

生词 New words

1. 困难	(形)	kùnnan	difficult; hard; tough
2. 婚纱	(名)	hūnshā	a bridal veil
3. 遗憾	(形)	yíhàn	regretful
4. 商量	(动)	shāngliang	to consult; to discuss
5. 纪念	(名)	jìniàn	commemoration day
6. 庆祝	(动)	qìngzhù	to celebrate
7. 刚好	(副)	gānghǎo	just; exactly
8. 金婚	(名)	jīnhūn	golden wedding
9. 养	(动)	yǎng	to bring sb. up
10. 令人满意		lìng rén mǎnyì	satisfactory
11. 退休	(动)	tuìxiū	to retire

学一学 Grammar

1. 好不容易　　not at all easy

"好不容易"也可以说成"好容易",都是不容易的意思,一般做状语,用来表示干一件事很不容易但终于完成了,常和"才"连用。

The phrase "好不容易" has the same meaning as "好容易", both indicating with great difficulty, and are generally used as adverbials to express that something is finally done though with great difficulty. The phrases are often followed by the word "才".

（1）我好不容易才找到这份工作。
（2）他好不容易才把这道题做出来。
（3）小强好不容易才学会开车。

2. 一转眼　　in an instant

（1）一转眼我来中国学习汉语已经一个月了。
（2）一转眼孩子们都长大了。
（3）一转眼我已经工作三年了。

练一练 Exercises

1. 照例子写出汉字的部件

According to the examples, write down Chinese characters components

婚→　　　　集→　　　　困→
遗→　　　　铁→　　　　都→

2. 根据课文内容,判断正误(正确的划√,错误的划×)

Decide whether the following statements are true(√) or false(×) according to the text

（1）王女士和丈夫结婚50年了。
（2）王女士结婚的时候虽然没有穿婚纱,但是她不感到遗憾。
（3）王女士和丈夫参加了地铁婚礼。
（4）王女士现在没有工作了。
（5）王女士今年70多岁了。

难度：★★★★　　建议时间：4分钟　　字数：181

"妻管严"

老公说,"妻管严"没什么不好的,家庭幸福才最重要。孩子们在幸福的环境下才能够更加健康的成长。而且老婆是娶来疼的，不是娶来吵架的。都说一个成功的男人背后都有一个好女人在支持着。

老婆说，"妻管严"的老公会疼老婆，有责任感。有时让他帮忙做做家务，让他知道当一个家庭主妇也不是那么简单的。让他参与孩子的教育，既可以增加与孩子之间的感情，又可以体会养育孩子当中的酸甜苦辣。

（改编自腾讯网）

妻管严：老公很爱老婆也很怕老婆，很多事情都听老婆的。现在中国的妻管严老公越来越多，他们很疼老婆，经常帮助老婆做家务。中国的女孩子很喜欢这样的老公。

生词 New words

1.	成长	（名）	chéngzhǎng	growing
2.	娶	（动）	qǔ	to marry (a girl)
3.	吵架		chǎo jià	to quarrel; especially loudly
4.	成功	（名）	chénggōng	success
5.	背后	（名）	bèihòu	behind someone's back
6.	支持	（动）	zhīchí	to back up; to support
7.	疼	（动）	téng	love dearly
8.	责任感	（名）	zérèngǎn	sense of responsibility
9.	家务	（名）	jiāwù	housework
10.	体会	（动）	tǐhuì	know (through learning or by experience)
11.	养育	（动）	yǎngyù	to bring up; to raise; to breed; to nurture
12.	酸甜苦辣		suān tián kǔ là	the sweets and bitters of life

补充词语 Added words

1. 妻管严　　qī guǎn yán　　a henpecked husband

学一学 Grammar

1. 没什么不好的　　not bad

（1）去酒吧跳跳舞、喝喝酒没什么不好的。
（2）老婆比自己能干没什么不好的。
（3）心情不好时抽根烟没什么不好的。

2. 而且 moreover; furthermore

连词"而且"可以连接并列的动词、形容词和句子,表示进一层的意思。"而且"后边常常有"也""还"。

The conjunction "而且" can link coordinate verbs, adjectives or clauses to express some further meaning. After "而且", "也" or "还" is often used.

(1) 王老师不仅幽默而且还很帅气。
(2) 我觉得看电影是学习语言的好方法,而且可以了解那个国家的文化。
(3) 马克会跳舞,而且跳得还不错。

3. 让 sb 做某事 let sb do sth

(1) 你别让孩子看太多电视,对眼睛不好。
(2) 小丽经常让老公帮忙做家务。
(3) 我让马克教我游泳。

练一练 Exercises

仿照例子,做词语接龙游戏
According to the examples, play word by word games

例如:邀请——请假——假期——期末——末尾——尾巴

(1) 老公
(2) 简单
(3) 增加

难度:★★★★   建议时间:5分钟   字数:189

大学一毕业就结婚 中国兴起"毕婚族"

近年来有不少大学生选择了一毕业就结婚,形成了新兴的"毕婚族"。"现在找老公比找工作重要,我也想和男朋友结婚,可是我们连工作都找不到以后靠什么生活啊,家里给我介绍了一个条件很好的博士,那就只有先嫁人了。爱情有时候真的没有面包重要。"刘丽是个大学生,因为就业的压力她决定一毕业就结婚。"毕婚族"中许多女生把结婚当"出路",缓解即将面临的就业压力。"嫁得好"成了她们毕业后的主要目标。

(改编自家我网)

中国婚姻法规定的结婚年龄:男人22岁,女人20岁。只要达到这个年龄的都可以结婚。

生词 New words

1. 近年来　　　　　　jìn nián lái　　in recent years
2. 形成　　（动）　xíngchéng　　to become; to come into being
3. 新兴　　（形）　xīnxīng　　new and developing
4. 找　　　（动）　zhǎo　　to look for
5. 靠　　　（动）　kào　　to depend on
6. 博士　　（名）　bóshì　　Ph. D. a doctor (an academic degree)
7. 嫁人　　　　　　jià rén　　marry (to a man); give one's hand to a man
8. 就业　　（动）　jiùyè　　to obtain employment; to get a job
9. 压力　　（名）　yālì　　pressure
10. 出路　　（名）　chūlù　　a way out (of a difficult situation, etc.)
11. 缓解　　（动）　huǎnjiě　　to ease; to help relieve (a crisis)
12. 面临　　（动）　miànlín　　to be faced with; to be confronted with
13. 目标　　（名）　mùbiāo　　an aim; a destination; a purpose

补充词语 Added words

1. 毕婚族　　bì hūn zú　　people who get married as soon as they graduated from college

学一学 Grammar

1. 连……都　　even

（1）他穷得连饭都吃不饱,怎么工作呢。
（2）她连一件漂亮衣服都没有。
（3）他连最基本的事实都不知道。

2. 只有　　only

"只有"是连词时表示唯一的条件,后面多用副词"才"或者"还"。
"只有"是副词时表示"只+有"。
When "只有" is a conjunction, it indicates the only condition. After "只有", "才"or"还" is often used.
When "只有" is an adverb, its meaning is the compound of "只+有".
（1）你只有经常锻炼身体,才能不感冒。
（2）只有好好学习,你才能学好汉语。
（3）我只有这一个办法了。

3. 把……当作   treat...as

（1）我把他当作我最好的朋友。
（2）他把北京当作以后生活的地方。
（3）马克把学习汉语当作最重要的事情。

练一练 Exercises

照例子组字
Combine the following components into a single word
例：弓—长（张）

木—示（ ）   女—家（ ）
比—十（ ）   女—子（ ）
月—月（ ）   西—女（ ）
京—尤（ ）   口—八（ ）

难度：★★★★   建议时间：5分钟   字数：191

空巢家庭

"四世同堂"一向是中国人对美满家庭的期望，但是随着社会观念的变化，这样的大家庭已经越来越少，三口之家，甚至是两口之家成了中国家庭的主体。于是"空巢家庭"出现了。"空巢家庭"是指当老年人的子女因上学、结婚、工作等原因住在别的地方，家中只剩老人夫妇或一位老人的家庭。有老年问题专家这样比喻只剩老人的家庭：两个鸟儿喂大一窝小鸟，小鸟翅膀硬了，慢慢地都飞了，但窝和老鸟还在，这就是空巢家庭。

（改编自中华网）

四世同堂是指四代人共同生活。中国人很喜欢热闹，喜欢大家庭，所以中国人觉得四世同堂很幸福。

生词 New words

1. 一向   （副）   yīxiàng   all the time; throughout

2. 美满	（形）	měimǎn	happy; perfectly
3. 期望	（名）	qīwàng	expectation; hope
4. 观念	（名）	guānniàn	an idea; a concept; a notion
5. 甚至	（副）	shènzhì	even
6. 主体	（名）	zhǔtǐ	main part; principal part
7. 出现	（动）	chūxiàn	to appear; to arise
8. 比喻	（动）	bǐyù	metaphor; figure of speech
9. 翅膀	（名）	chìbǎng	a wing
10. 硬	（形）	yìng	strong; firm

补充词语 Added words

1. 三口之家	sān kǒu zhī jiā	a family of three
2. 两口之家	liǎng kǒu zhī jiā	family of two
3. 四世同堂	sìshì tóngtáng	four generations under one roof

学一学 Grammar

1. （虽然）……但是（可是）　　(although)...but

"（虽然）……但是（可是）"连接表示让步关系的复句。"虽然"引出的分句表示承认某事实的存在，"虽然"可以省略。"但是（可是）"表示转折。

"（虽然）……但是（可是）"is used to link concessional compound sentences. The clause led by "虽然" indicates the acknowledgement of the existing fact, and "但是（可是）" expresses the concession. "虽然"can be omitted.

（1）汉语（虽然）很难，但是很有意思。
（2）他年龄很小，但是懂得很多。
（3）虽然她不漂亮，但是我很喜欢她。

2. 越A越B　　the more...; the more...

"越A越B"表示在程度上B随A的加深而加深。

The structure "越A越B" indicates that the degree of B increases with A.

（1）马克的汉语越说越流利。
（2）我的女儿越长越可爱。
（3）你身体越不好越应该锻炼。

3. 甚至　　even

"甚至"表示后面的比前面的程度深。

"甚至"indicates that the degree of the latter is deeper than the former.

（1）和他认识三个星期了，我甚至不知道他是谁。
（2）这题目好难甚至连班长都没做出来。
（3）他很想回家，甚至连一天都不想等。

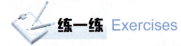

练一练 Exercises

给下列汉字找到正确的声母
Find the correct initials for the following characters

 词汇盘点 Key words extended

高手	令人满意	热爱	体会
做饭高手	令人伤心	热爱生活	体会心情
电脑高手	令人高兴	热爱工作	体会人生
功夫高手	令人激动	热爱和平	心得体会

缓解	美满	面临
缓解紧张	美满的婚姻	面临选择
缓解压力	美满的家庭	面临失业
缓解疲劳	美满的一生	面临现实

玩转周末 Fun weekend

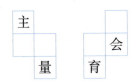

Easy time

儿子与爸爸

儿子：爸爸,听说在非洲的一些地方男人在结婚前根本不认识他的妻子。

爸爸：孩子,实际上所有的国家都是这样的。

（改编自梦幻英语网）

Father and Son

Son: Is it true, Dad, I heard that in some parts of Africa a man doesn't know his wife until he marries her?

Dad: That happens in every country, son.

 在哪儿见过? Where have you ever seen these pictures?

1. 走在街头你会看到的指路牌：

宠物店　　chǒngwùdiàn　　a pet shop

2. 走在街头你会看到的招牌：

（1）

西王庄社区　　　Xīwángzhuāng shèqū　　　West Wangzhuang Community

（2）

五道口供应站　　Wǔdàokǒu gōngyìngzhàn　　Wudaokou supply station

3. 商店门前的广告：

（1）

预订　yùdìng　to book (a flower)

(2)

招聘	zhāopìn	give public notice of a vacancy to be filled
员工	yuángōng	staff; employees
小时工	xiǎoshígōng	hourly worker

高中以上学历，年满18周岁　gāozhōng yǐshàng xuélì, niánmǎn shíbā zhōusuì
High school education, at least 18 years of age

具有服务意识，吃苦耐劳　jùyǒu fúwù yìshí chī kǔ nài láo
With a sense of service, hard-working

有相关工作经验者优先考虑　yǒu xiāngguān gōngzuò jīngyàn zhě yōuxiān kǎolǜ
With relevant work experience preferred

星期一

1. 主→妇→我→亮→最→漂

2. （1）上海举行了"主妇我最美"模特大赛。

   （2）本次大赛中的主妇无一例外都是做饭的高手。

   （3）8号选手不是黄脸婆，她是一个快乐主妇。

   （4）除了做好主妇之外，她还会书法、国画、剪纸、摄影等。

   （5）家里的活都落在了她的肩上时，没有不理解、没有埋怨，主妇枯燥的生活并没有使她放弃对生活的热爱。

星期二

1. 婚→女+昏　　集→佳+木　　困→口+木
   遗→辶+贵　　铁→钅+失　　都→者+阝

2. （1）√　（2）×　（3）√　（4）√　（5）×

星期三

（1）老公——公鸡——鸡毛——毛衣——衣服——服装

（2）简单——单纯——纯洁——洁白——白色——色彩

（3）增加——加法——法国——国家——家庭——庭院

星期四

木—示（标）　　女—家（嫁）

比—十（毕）　　女—子（好）

月—月（朋）　　西—女（要）

京—尤（就）　　口—八（只）

星期五

玩转周末

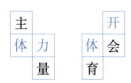

附录一

生词表

A

矮小	（形）	ǎixiǎo	short and small	8—Mon
安定	（形）	āndìng	stable; settled	6—Fri
安排★	（动）	ānpái	to arrange	10—Tue
安全线	（名）	ānquánxiàn	catch siding	5—Mon

B

百合花	（名）	bǎihéhuā	lily	10—Wed
扮演	（动）	bànyǎn	to play the role of	3—Thu
棒棒糖	（名）	bàngbàngtáng	a lollipop	11—Fri
包揽	（动）	bāolǎn	to undertake the whole thing	9—Wed
饱和度	（名）	bǎohédù	degree of saturation	6—Tue
保险	（名）	bǎoxiǎn	insurance	11—Mon
保证★	（动）	bǎozhèng	to pledge; to guarantee	5—Thu
报道	（名）	bàodào	news report; story	5—Thu
报名		bào míng	sign up	8—Mon
报名费	（名）	bàomíngfèi	application fee	10—Tue
北三环	（名）	běisānhuán	north Sanhuan	8—Thu
背后	（名）	bèihòu	behind someone's back	12—Wed
贝壳	（名）	bèiké	shell	10—Thu
本科	（名）	běnkē	undergraduate	1—Tue
本领	（名）	běnlǐng	skill; capability	2—Tue
比喻	（动）	bǐyù	metaphor; figure of speech	12—Fri
遍布	（动）	biànbù	spread all over	9—Fri
标注	（动）	biāozhù	to mark	4—Tue
标准	（形）	biāozhǔn	standard	1—Tue
并	（连）	bìng	and	2—Mon
搏	（动）	bó	combat	9—Wed
博士	（名）	bóshì	Ph. D. a doctor (an academic degree)	12—Thu
补充	（动）	bǔchōng	to add	3—Wed
补发		bǔfā	to supply again (something lost, etc.); reissue	1—Mon
不断	（形）	búduàn	unceasing; continuous	12—Mon

C

猜★	（动）	cāi	to guess	10—Fri

* 加"★"的生词是每周要掌握的重点生词。

才能	（名）	cáinéng	talent	10—Thu
采访	（动）	cǎifǎng	to cover (some event); to interview	12—Mon
采摘	（动）	cǎizhāi	to pluck; to pick	11—Wed
参加 ★	（动）	cānjiā	to participate in	4—Tue
灿烂	（形）	cànlàn	splendid	4—Thu
测验	（名）	cèyàn	test	3—Fri
茶馆	（名）	cháguǎn	a teahouse; a tea shop; a tea room	11—Tue
场所	（名）	chǎngsuǒ	place	8—Fri
倡导 ★	（动）	chàngdǎo	to advocate	9—Fri
长盛不衰		chángshèng bùshuāi	always succeed	9—Wed
吵架		chǎo jià	to quarrel; especially loudly	12—Wed
车次	（名）	chēcì	train number	5—Fri
成功	（名）	chénggōng	success	12—Wed
成立	（动）	chénglì	to establish	9—Wed
成名		chéng míng	become famous; make a name for oneself	8—Wed
程序	（名）	chéngxù	procedure	7—Fri
成长	（名）	chéngzhǎng	growing	12—Wed
持续	（动）	chíxù	continue	8—Mon
翅膀	（名）	chìbǎng	a wing	12—Fri
充分	（副）	chōngfèn	take full advantage of	10—Thu
充满	（动）	chōngmǎn	be filled with	10—Wed
出差 ★		chū chāi	on a business trip	5—Wed
出路	（名）	chūlù	a way out (of a difficult situation, etc.)	12—Thu
出现	（动）	chūxiàn	to appear; to arise	12—Fri
传诵	（动）	chuánsòng	be widely read	9—Wed
传统	（名）	chuántǒng	conventions; traditions	11—Tue
传真	（名）	chuánzhēn	fax	1—Mon
创造 ★	（动）	chuàngzào	to create	9—Wed
创造性	（名）	chuàngzàoxìng	creativity	10—Wed
春联	（名）	chūnlián	spring festival couplets	7—Wed
词汇量		cíhuìliàng	quantity of vocabulary	10—Fri
此	（代）	cǐ	this	1—Thu
聪明	（形）	cōngming	smart; clever	6—Thu
存在	（名）	cúnzài	being; existence	11—Thu
寸	（量）	cùn	a unit of length	10—Tue
寸步难行		cùnbù nánxíng	to stagger	2—Thu

D

大汗淋漓		dà hàn línlí	streaming with sweat	6—Wed
大厦	（名）	dàshà	mansion; block	11—Mon
代表	（名）	dàibiǎo	delegate	3—Thu
蛋饼	（名）	dànbǐng	omelette	8—Fri
到达 ★	（动）	dàodá	to reach; to arrive; to get to	5—Fri

登	（动）	dēng	to step on	5—Thu
灯会	（名）	dēnghuì	exhibit of lanterns	7—Tue
地道	（形）	dìdao	pure; typical	12—Mon
地址	（名）	dìzhǐ	address	4—Tue
典型	（形）	diǎnxíng	typical	8—Wed
东南部		dōngnán bù	southeast	2—Fri
独白	（名）	dúbái	a monologue	1—Fri
独特	（形）	dútè	unique	9—Fri
读物	（名）	dúwù	reading material	10—Fri
毒药	（名）	dúyào	poison; deadly drug	7—Thu
锻炼	（动）	duànliàn	to temper; to train (oneself)	1—Wed
夺	（动）	duó	to win	9—Wed

E

额头	（名）	étóu	forehead	8—Wed

F

发挥★	（动）	fāhuī	to bring into play	3—Thu
发源地		fāyuán dì	cradleland	9—Fri
发展	（动）	fāzhǎn	to develop	1—Mon
发证		fā zhèng	to award diploma to	1—Mon
翻越	（动）	fānyuè	to cross	5—Mon
防晒	（动）	fángshài	to prevent the sun	2—Mon
放宽		fàngkuān	to loosen	8—Mon
放弃	（动）	fàngqì	to abandon; to give up	12—Mon
放手★		fàng shǒu	let go; have a free hand	10—Fri
放松★	（动）	fàngsōng	to relax	8—Thu
肥皂	（名）	féizào	soap	4—Wed
分不清		fēnbuqīng	hard to distinguish	8—Fri
分店	（名）	fēndiàn	branch store	8—Fri
分类	（名）	fēnlèi	classification	10—Wed
风车	（名）	fēngchē	windmill	10—Wed
丰富★	（动）	fēngfù	to enrich	9—Tue
风光	（名）	fēngguāng	scene; view; sight	5—Tue
风情	（名）	fēngqíng	customs and practices	3—Tue
风俗	（名）	fēngsú	custom	7—Wed
风筝	（名）	fēngzheng	kite	2—Tue
服务	（名）	fúwù	service	1—Thu
服装	（名）	fúzhuāng	clothing	4—Mon
腐蚀	（动）	fǔshí	to corrode	4—Wed
赴	（动）	fù	to go to	11—Mon
负担★	（名）	fùdān	burden	6—Fri
复印件	（名）	fùyìnjiàn	copy	10—Tue
复杂	（形）	fùzá	complicated	10—Wed

G

赶海		gǎn hǎi	beach comb	11—Mon
感觉	（名）	gǎnjué	feeling; perception; sense	11—Thu
赶紧	（动）	gǎnjǐn	to hasten; hurry	2—Tue
感受★	（动）	gǎnshòu	to experience; to feel	11—Thu
干脆	（副）	gāncuì	simply; just	7—Wed
干燥	（形）	gānzào	dry	2—Fri
刚好	（副）	gānghǎo	just; exactly	12—Tue
高手★	（名）	gāoshǒu	an expert; a master-hand	12—Mon
格言	（名）	géyán	motto	9—Wed
宫灯	（名）	gōngdēng	Chinese palace lantern	11—Tue
公里	（名）	gōnglǐ	kilometer	5—Fri
公司	（名）	gōngsī	company	1—Mon
公寓	（名）	gōngyù	apartment	10—Tue
供应★	（动）	gōngyìng	to feed; to supply; to furnish	7—Mon
购买	（动）	gòumǎi	to buy	8—Tue
鼓励	（动）	gǔlì	to encourage	10—Wed
古色古香		gǔ sè gǔ xiāng	antique; quaint; hoary; vintage; archaic	11—Tue
刮★	（动）	guā	to blow	2—Thu
观念	（名）	guānniàn	an idea; a concept; a notion	12—Fri
关注★	（动）	guānzhù	to pay close attention to	8—Wed
冠军	（名）	guànjūn	champion	9—Wed
广场	（名）	guǎngchǎng	square	2—Tue

H

孩子气	（形）	háiziqì	childish	1—Fri
罕见	（形）	hǎnjiàn	rare	8—Thu
耗	（动）	hào	to consume; to cost; to expend	5—Fri
候机室	（名）	hòujīshì	airport lounge	5—Tue
护栏	（名）	hùlán	guardrail	5—Mon
滑行	（动）	huáxíng	to slide	5—Thu
缓解★	（动）	huǎnjiě	to ease; to help relieve (a crisis)	12—Thu
黄金	（形）	huángjīn	precious	2—Wed
黄金饼	（名）	huángjīnbǐng	golden cake	8—Fri
婚礼	（名）	hūnlǐ	wedding	7—Fri
婚纱	（名）	hūnshā	a bridal veil	12—Tue
活跃	（动）	huóyuè	to enliven	9—Tue

J

基本	（形）	jīběn	basic	10—Wed
机场	（名）	jīchǎng	airport; airfield	5—Tue

鸡翅	（名）	jīchì	Chicken wings	3—Mon
基础	（名）	jīchǔ	basic; elementary	10—Mon
积极向上		jījí xiàngshàng	positive	9—Fri
机长	（名）	jīzhǎng	aircraft commander	5—Wed
集合	（动）	jíhé	to assemble; to collect; to concentrate; to gather; to round up	11—Mon
籍贯	（名）	jíguàn	the place of one's birth or origin	1—Tue
季风性气候区		jìfēngxìng qìhòuqū	monsoon climate zone	2—Fri
季节	（名）	jìjié	season	2—Wed
纪念	（名）	jìniàn	commemoration day	12—Tue
记载	（动）	jìzǎi	to record	1—Mon
寄托★	（动）	jìtuō	to place hope on	7—Wed
家常	（名）	jiācháng	commonplace	11—Fri
家居	（名）	jiājū	house and home	1—Fri
家务	（名）	jiāwù	housework	12—Wed
假期	（名）	jiàqī	holiday; vacation	1—Wed
价格	（名）	jiàgé	price	4—Tue
嫁人		jià rén	marry (to a man); give one's hand to a man	12—Thu
坚持★	（动）	jiānchí	to insist on	6—Wed
简单	（形）	jiǎndān	simple	10—Wed
简短	（形）	jiǎnduǎn	brief; short	10—Fri
简介	（名）	jiǎnjiè	brief introduction	10—Wed
减少	（动）	jiǎnshǎo	reduce	2—Mon
健康	（名）	jiànkāng	health	6—Thu
健身房	（名）	jiànshēnfáng	gymnasium; gym	6—Wed
见识★	（名）	jiànshi	experience; knowledge	1—Wed
建议	（动）	jiànyì	to suggest	6—Fri
讲究★	（动）	jiǎngjiu	to be particular about; to pay attention to	6—Thu
降水量	（名）	jiàngshuǐliàng	precipitation	2—Fri
结局	（名）	jiéjú	an outcome; an ending	10—Fri
届	（量）	jiè	(a measure word) session	9—Wed
金婚	（名）	jīnhūn	golden wedding	12—Tue
紧张	（形）	jǐnzhāng	intense	8—Thu
近年来		jìn nián lái	in recent years	12—Thu
进一步	（副）	jìn yí bù	further	1—Wed
京剧	（名）	jīngjù	Beijing opera	11—Tue
经理	（名）	jīnglǐ	manager	1—Mon
精髓	（名）	jīngsuǐ	the pith (and marrow) of	11—Fri
警句	（名）	jǐngjù	epigram	9—Wed
静	（形）	jìng	calm; quiet	1—Fri
究竟	（名）	jiūjìng	outcome	11—Wed
九折		jiǔ zhé	ten percent discount	1—Thu
就业	（动）	jiù yè	to obtain employment; to get a job	12—Thu

举办	（动）	jǔbàn	to hold	10—Tue
举一反三		jǔ yī fǎn sān	infer the whole from a single instance	10—Wed
拒绝	（动）	jùjué	to refuse	8—Mon
距离	（名）	jùlí	distance	5—Fri
卷	（动）	juǎn	to coil	2—Thu
均匀	（形）	jūnyún	even	2—Fri

K

开★	（动）	kāi	bloom	2—Tue
开朗	（形）	kāilǎng	sanguine; broad-minded and outspoken	1—Fri
开展★	（动）	kāizhǎn	to launch	10—Thu
看望★	（动）	kànwàng	to pay a visit; call on	7—Fri
考核	（动）	kǎohé	to assess (somebody's proficiency)	6—Mon
靠	（动）	kào	to depend on	12—Thu
科技	（名）	kējì	science and technology	1—Mon
客气★	（形）	kèqi	be polite	3—Fri
空调	（名）	kōngtiáo	air-conditioner	5—Fri
口碑	（名）	kǒubēi	goodwill credibility	8—Thu
扣★	（动）	kòu	to button up	2—Thu
枯燥	（形）	kūzào	boring; uninteresting; dull	12—Mon
宽阔	（形）	kuānkuò	broad	8—Wed
款待	（动）	kuǎndài	give somebody a hearty hospitality	7—Fri
困难	（形）	kùnnan	difficult; hard; tough	12—Tue
扩大★	（动）	kuòdà	to enlarge; to expand	1—Wed

L

拉拉队	（名）	lālāduì	cheerleaders	9—Tue
浪费★	（动）	làngfèi	to waste	5—Tue
浪漫	（形）	làngmàn	romantic	7—Tue
类	（名）	lèi	category	4—Mon
类型	（名）	lèixíng	type	5—Fri
离	（动）	lí	to be away from; to part from	5—Tue
礼品	（名）	lǐpǐn	gift; present	7—Fri
联系	（动）	liánxì	to contact	4—Tue
凉面	（名）	liángmiàn	cool noodles	8—Fri
列车	（名）	lièchē	train	5—Fri
临	（动）	lín	to be present	6—Thu
凌晨	（副）	língchén	before dawn	3—Tue
灵活	（形）	línghuó	agile elastic nimble	8—Wed
领军	（动）	lǐngjūn	leader	9—Thu
令人满意★		lìng rén mǎnyì	satisfactory	12—Tue
流利	（形）	liúlì	fluently	1—Tue
流派	（名）	liúpài	faction	9—Fri
遛	（动）	liù	to saunter; to stroll	6—Mon

聋哑		lóngyǎ	a deaf-mute	10—Thu
旅行	（名）	lǚxíng	journey; tour; trave	15—Tue

M

麻圆	（名）	máyuán	glutinous rice sesame balls	8—Fri
马桶	（名）	mǎtǒng	a nightstool; a closestool	11—Fri
蚂蚁	（名）	mǎyǐ	ant	5—Thu
埋怨★	（动）	mányuàn	to complain	4—Fri
忙碌	（形）	mánglù	to bustle; busy	8—Thu
毛线	（名）	máoxiàn	woolen yarn	10—Thu
枚	（量）	méi	measure word for small objects	9—Thu
煤油	（名）	méiyóu	coal oil	4—Wed
美满★	（形）	měimǎn	happy; perfectly	12—Fri
美食	（名）	měishí	delicious food	8—Fri
魅力	（名）	mèilì	charm	9—Fri
门店	（名）	méndiàn	stores	4—Tue
蒙	（动）	méng	to cover	2—Thu
梦之队	（名）	mèng zhī duì	Dream Team	9—Thu
眯	（动）	mī	to narrow one's lids	2—Thu
棉线	（名）	miánxiàn	cotton thread	10—Thu
面积	（名）	miànjī	area; acreage	8—Thu
面临★	（动）	miànlín	to be faced with; to be confronted with	12—Thu
面容	（名）	miànróng	face	8—Wed
民间	（形）	mínjiān	folk	7—Wed
民俗	（名）	mínsú	folk custom	3—Tue
名单	（名）	míngdān	name list	5—Wed
名副其实		míng fù qí shí	be worthy of the name	11—Thu
名声	（名）	míngshēng	reputation	9—Thu
膜	（名）	mó	membrane	4—Wed
蘑菇	（名）	mógu	mushroom	11—Wed
模糊不清		móhu bù qīng	blurred	4—Wed
模特	（名）	mótè	model	8—Mon
幕	（名）	mù	screen	8—Thu
目标	（名）	mùbiāo	an aim; a destination; a purpose	12—Thu

N

纳闷儿	（动）	nàmènr	[Informal] to feel baffled	11—Wed
奶茶	（名）	nǎichá	milk tea	3—Mon
闹★	（形）	nào	noisy	1—Fri
腻	（形）	nì	greasy	3—Thu
年龄	（名）	niánlíng	age	1—Mon
农历	（名）	nónglì	traditional Chinese calendar	7—Tue
糯米	（名）	nuòmǐ	polished glutinous rice	7—Mon
女婿	（名）	nǚxù	son-in-law	7—Fri

P

培训	（动）	péixùn	to train	9—Fri
培养★	（动）	péiyǎng	to cultivate; to bring up	10—Thu
配	（动）	pèi	to mix	7—Mon
配置	（动）	pèizhì	to dispose; to arrange	6—Tue
披头散发		pī tóu sàn fà	with hair dishevelled	11—Fri
疲劳★	（形）	píláo	tired; weary	6—Tue
品种	（名）	pǐnzhǒng	variety	11—Tue
平方米	（量）	píngfāngmǐ	square meter	8—Thu
评价★	（动）	píngjià	to assess; to appraise	1—Tue
平均	（形）	píngjūn	average	2—Wed
普遍	（形）	pǔbiàn	general; common; widespread	7—Thu
瀑布	（名）	pùbù	waterfall; cataract; cascade	11—Wed

Q

期望	（名）	qīwàng	expectation; hope	12—Fri
启动	（动）	qǐdòng	to start (a machine etc.)	5—Thu
气候★	（名）	qìhòu	climate	2—Wed
气温	（名）	qìwēn	temperature	3—Wed
强度	（名）	qiángdù	intensity	2—Mon
窍门	（名）	qiàomén	trick of the trade; skill	6—Tue
亲戚	（名）	qīnqi	relative	11—Tue
亲属	（名）	qīnshǔ	relatives	7—Fri
青少年	（名）	qīngshàonián	adolescent	10—Tue
清爽	（形）	qīngshuǎng	fresh and cool	8—Wed
情趣★	（名）	qíngqù	interest; appeal; delight	1—Fri
庆祝	（动）	qìngzhù	to celebrate	12—Tue
区间	（名）	qūjiān	part of the normal route (of a bus,etc.)	1—Mon
娶	（动）	qǔ	to marry (a girl)	12—Wed
取消★	（动）	qǔxiāo	to cancel	19—Tue
曲折	（形）	qūzhé	tortuous; winding	11—Fri
全程	（名）	quánchéng	whole journey	5—Fri
全体	（形）	quántǐ	all; entire	5—Wed
券	（名）	quàn	ticket	3—Mon
确立★	（动）	quèlì	to establish firmly	9—Thu

R

热爱★	（动）	rèài	to love fervently	12—Mon
热情★	（形）	rèqíng	warm-hearted	4—Thu
热线	（名）	rèxiàn	hotline	8—Tue
认真	（形）	rènzhēn	earnest	1—Tue
日出	（名）	rìchū	sunrise	11—Mon

容器	（名）	róngqì	container	7—Thu
柔和	（形）	róuhé	gentle; mild; soft	6—Tue
入学		rù xué	to start school	1—Mon
软★	（形）	ruǎn	soft	4—Wed

S

赛季	（名）	sàijì	seasons of NBA	9—Mon
色调	（名）	sèdiào	tone; hue	6—Tue
沙尘暴	（名）	shāchénbào	sandstorm	2—Wed
纱巾	（名）	shājīn	scarf	2—Thu
鲨鱼	（名）	shāyú	sharks	9—Mon
山核桃	（名）	shānhétao	[Botany] hickory	11—Wed
扇	（量）	shàn	a measure word for doors	11—Fri
商量	（动）	shāngliang	to consult; to discuss	12—Tue
稍微	（副）	shāowēi	a bit; a little	2—Wed
少儿	（名）	shàoér	juvenile	10—Fri
设	（动）	shè	to set up	5—Tue
涉猎	（动）	shèliè	to read or study cursorily; to dabble at (or in)	1—Wed
设置	（动）	shèzhì	to set up	6—Tue
身份证	（名）	shēnfènzhèng	identity card	10—Tue
神经	（名）	shénjīng	nerve	6—Thu
甚至	（副）	shènzhì	even	12—Fri
升入★	（动）	shēngrù	enjoy access to(school)	10—Mon
生涯★	（名）	shēngyá	career	9—Mon
省	（名）	shěng	province	9—Mon
胜任★	（动）	shèngrèn	competent; qualified	1—Wed
时尚	（名）	shíshàng	fashion	8—Thu
实习★	（动）	shíxí	to do fieldwork	6—Mon
食宿	（名）	shísù	board and lodging	10—Tue
事故	（名）	shìgù	accident	5—Thu
市区	（名）	shìqū	urban district; downtown area	8—Fri
适中	（形）	shìzhōng	moderate	2—Wed
收费	（动）	shōufèi	charge	8—Fri
书法	（名）	shūfǎ	penmanship	10—Tue
舒服★	（形）	shūfu	comfortable	2—Tue
舒适★	（形）	shūshì	cosy	8—Thu
梳妆台	（名）	shūzhuāngtái	dresser	4—Wed
蔬菜	（名）	shūcài	vegetables	3—Wed
暑假	（名）	shǔjià	summer vacation	10—Tue
属于	（动）	shǔyú	belong to	9—Fri
刷	（动）	shuā	to brush	11—Fri
顺便★	（副）	shùnbiàn	in passing; by the way	7—Tue
说服	（动）	shuōfú	to persuade; to talk somebody over; to convince	5—Thu
硕士	（名）	shuòshì	a Master's degree	1—Fri

167

松果	（名）	sōngguǒ	pine nut; pinecone	11—Wed
素质	（名）	sùshì	quality	9—Tue
酸甜苦辣		suān tián kǔ là	the sweets and bitters of life	12—Wed
随意	（副）	suíyì	as one pleases; at one's ease	5—Tue
所	（量）	suǒ	a measure word of(school)	10—Mon

T

坦诚	（形）	tǎnchéng	frank	7—Thu
套餐	（名）	tàocān	combo	1—Thu
特惠		tèhuì	Ex-gratia	4—Mon
特价	（名）	tèjià	a special offer (price); bargain price	1—Thu
特快	（名）	tèkuài	express	5—Fri
疼	（动）	téng	love dearly	12—Wed
提到	（动）	tídào	to mention	8—Fri
提前	（副）	tíqián	in advance; beforehand	5—Tue
提升	（动）	tíshēng	to promote; to upgrade	12—Mon
体会★	（动）	tǐhuì	know (through learning or by experience)	12—Wed
体质	（名）	tǐzhì	physique	9—Fri
添加	（动）	tiānjiā	to add; to increase	6—Tue
跳水	（动）	tiàoshuǐ	diving	9—Thu
贴	（动）	tiē	to paste	7—Wed
统一★	（动）	tǒngyī	to universalize	9—Tue
头号	（形）	tóuhào	number one	9—Thu
图案	（名）	tú'àn	design; pattern	7—Wed
团体	（名）	tuántǐ	team	9—Thu
推荐★	（动）	tuījiàn	to recommend; to commend; to put sb. up (for sth.)	11—Mon
退休	（动）	tuìxiū	to retire	12—Tue
脱水	（名）	tuōshuǐ	dehydration	6—Wed

W

外貌	（名）	wàimào	looks; appearances	1—Fri
莞尔	（形）	wǎněr	smiling	5—Wed
万事如意		wànshì rúyì	May all go well with you!	1—Wed
旺季	（名）	wàngjì	boom season	3—Wed
危险★	（名）	wēixiǎn	danger	5—Mon
微笑	（名）	wēixiào	smile	4—Thu
违规		wéi guī	violation	9—Tue
未婚	（形）	wèi hūn	single; unmarried	1—Fri
位置	（名）	wèizhi	position	9—Mon
温差	（名）	wēnchā	the temperature difference	2—Fri
文档	（名）	wéndàng	computer file	6—Tue
文化	（名）	wénhuà	culture	8—Thu
无限	（形）	wúxiàn	limitless; boundless	11—Thu
无一例外		wú yī lìwài	without exception	12—Mon

五星级		wǔxīngjí	five-star		8—Thu
物色	(动)	wùsè	to look for; to choose; to seek out		7—Tue

X

西北部	(名)	xīběi bù	northwest		2—Fri
西南风	(名)	xīnánfēng	southwest wind		2—Mon
希望	(名)	xīwàng	hope; wish		2—Tue
习惯	(名)	xíguàn	habit		3—Thu
洗洁精	(名)	xǐjiéjīng	detergent		4—Wed
喜庆	(形)	xǐqìng	happy; joyful		7—Thu
系	(名)	xì	a college department		1—Tue
狭窄	(形)	xiázhǎi	narrow		11—Fri
限★	(动)	xiàn	to set a limit		3—Mon
馅	(名)	xiàn	stuffing		7—Mon
现场★	(名)	xiànchǎng	site; spot		8—Mon
限制	(名)	xiànzhì	restriction		8—Mon
相当★	(副)	xiāngdāng	very much; quite		8—Fri
享受★	(动)	xiǎngshòu	to enjoy (rights, benefits, etc.)		1—Thu
享用	(动)	xiǎngyòng	enjoy		8—Fri
向日葵	(名)	xiàngrìkuí	sunflower		10—Wed
向往	(动)	xiàngwǎng	to look forward to		7—Wed
消费★	(动)	xiāofèi	to consume		3—Tue
消耗	(动)	xiāohào	to use up		6—Fri
销售	(名)	xiāoshòu	sale; market		1—Mon
校服	(名)	xiàofú	school uniforms		9—Tue
效果	(名)	xiàoguǒ	effect		6—Wed
斜	(形)	xié	oblique; slanting; inclined; tilted		7—Mon
协办	(动)	xiébàn	co-organized by		8—Tue
新款	(名)	xīnkuǎn	new style		4—Mon
新郎	(名)	xīnláng	bridegroom		7—Fri
新娘	(名)	xīnniáng	bride		7—Fri
欣赏★	(动)	xīnshǎng	to appreciate		8—Thu
新兴	(形)	xīnxīng	new and developing		12—Thu
行程	(名)	xíngchéng	route or distance of travel		11—Mon
星座	(名)	xīngzuò	constellation		8—Wed
形成	(动)	xíngchéng	to become; to come into being		12—Thu
兴办★	(动)	xīngbàn	to initiate		10—Mon
性别	(名)	xìngbié	sex		1—Mon
姓名	(名)	xìngmíng	full name		1—Mon
兴趣	(名)	xìngqù	interest		4—Thu
休闲★	(动)	xiūxián	to take a leisurely life		4—Mon
喧闹	(名)	xuānnào	noise and excitement		6—Mon
宣扬★	(动)	xuānyáng	to publicize		8—Mon
选手	(名)	xuǎnshǒu	players		9—Tue

学历	（名）	xuélì	educational qualifications	1—Tue
学院	（名）	xuéyuàn	the faculty (of)	1—Mon
学制	（名）	xuézhì	a school system	10—Mon
血管	（名）	xuèguǎn	artery	3—Wed
血压	（名）	xuèyā	blood pressure	3—Wed
循序渐进		xún xù jiàn jìn	follow in proper sequence	10—Wed

Y

压力	（名）	yālì	pressure	12—Thu
芽	（名）	yá	bud	2—Tue
严禁	（动）	yánjìn	to strictly forbid; strictly prohibit	5—Mon
严重	（形）	yánzhòng	serious; critical	6—Thu
演奏	（动）	yǎnzòu	to play a musical instrument in a performance	8—Tue
养	（动）	yǎng	to bring sb. up	12—Tue
养成	（动）	yǎngchéng	to form; to cultivate	10—Fri
养育	（动）	yǎngyù	to bring up; to raise; to breed; to nurture	12—Wed
一般	（形）	yìbān	generally	10—Mon
一向	（副）	yíxiàng	all the time; throughout	12—Fri
宜人	（形）	yírén	pleasant	2—Wed
遗憾	（形）	yíhàn	regretful	12—Tue
疑问	（名）	yíwèn	doubt	6—Fri
以免	（连）	yǐmiǎn	in order to avoid; so as not to	5—Mon
以上★	（名）	yǐshàng	above	8—Mon
意义★	（名）	yìyì	significance	10—Tue
饮料	（名）	yǐnliào	beverage	6—Thu
引擎	（名）	yǐnqíng	engine	5—Thu
隐私	（名）	yǐnsī	privacy	4—Fri
隐约	（形）	yǐnyuē	indistinct; faint	6—Mon
营养★	（名）	yíngyǎng	nutrition	3—Wed
营业	（动）	yíngyè	to do business	3—Tue
影城	（名）	yǐngchéng	studios	8—Thu
硬	（形）	yìng	strong; firm	12—Fri
应有尽有		yīng yǒu jìn yǒu	to have everything that one expects to find	11—Thu
拥有	（动）	yōngyǒu	to possess	3—Tue
优惠	（形）	yōuhuì	preferential; favorable	1—Thu
优秀	（形）	yōuxiù	excellent; outstanding	10—Fri
油饼	（名）	yóubǐng	deep-fried pancake; seedcake	8—Fri
游客	（名）	yóukè	traveler; tourist	11—Tue
有限	（形）	yǒuxiàn	limited	1—Mon
有效期		yǒuxiàoqī	expiry date	1—Mon
有效证件		yǒuxiào zhèngjiàn	valid identity document	8—Tue
娱乐	（名）	yúlè	amusement	8—Fri
瑜伽	（名）	yújiā	Yoga	6—Wed
遇见	（动）	yùjiàn	to meet; to come across	5—Wed

原料	（名）	yuánliào	raw material	3—Thu
源头	（名）	yuántóu	source of a river	11—Wed
源于	（动）	yuányú	come from	9—Fri
岳父母	（名）	yuèfùmǔ	parents-in-law	7—Fri
月薪	（名）	yuèxīn	monthly pay	1—Fri
允许	（动）	yǔnxǔ	to permit; to allow; to let	7—Tue
孕育	（动）	yùnyù	to produce	9—Wed

Z

责任 ★	（名）	zérèn	duty; responsibility	11—Mon
责任感	（名）	zérèngǎn	sense of responsibility	12—Wed
增强 ★	（动）	zēngqiáng	to strengthen	9—Tue
增长	（名）	zēngzhǎng	to increase; to enhance; to broaden	1—Wed
赠	（动）	zèng	to give something as a present	7—Fri
蘸	（动）	zhàn	to dip	4—Wed
招待 ★	（动）	zhāodài	to give an entertainment to sb.; to serve (customers)	11—Tue
招牌	（名）	zhāopái	signboard	3—Fri
找	（动）	zhǎo	to look for	12—Thu
照	（动）	zhào	to shine	2—Tue
折服	（动）	zhéfú	to admire	9—Fri
折扣	（名）	zhékòu	discount	4—Mon
折纸	（名）	zhézhǐ	paper folding	10—Wed
真实	（形）	zhēnshí	true; real	1—Fri
阵容	（名）	zhènróng	line-up	9—Thu
政府	（名）	zhèngfǔ	the government	10—Mon
正好	（副）	zhènghǎo	just in time	7—Tue
证明 ★	（动）	zhèngmíng	to prove	7—Thu
支持	（动）	zhīchí	to back up; to support;	12—Wed
直达	（动）	zhídá	to go nonstop to	5—Fri
纸杯	（名）	zhǐbēi	paper glass	10—Thu
指导	（动）	zhǐdǎo	to guide	10—Wed
指数	（名）	zhǐshù	index	2—Mon
至	（介）	zhì	to	4—Mon
秩序	（名）	zhìxù	order	5—Mon
中锋	（名）	zhōngfēng	center	9—Mon
重视	（动）	zhòngshì	to value; to attach importance to	10—Thu
皱	（动）	zhòu	to wrinkle	3—Fri
主办	（动）	zhǔbàn	to sponsor (a conference, etc.); to host	8—Tue
主体	（名）	zhǔtǐ	main part; principal part	12—Fri
主演	（动）	zhǔyǎn	act the leading role	8—Wed
注射	（动）	zhùshè	to inject	6—Mon
住宿	（名）	zhùsù	accommodation; lodging	11—Mon
祝愿	（名）	zhùyuàn	wish	7—Wed
专家	（名）	zhuānjiā	expert; specialist	6—Fri

专业	(名)	zhuānyè	major	1—Mon
状况	(名)	zhuàngkuàng	state; condition	6—Fri
状态	(名)	zhuàngtài	state; condition	6—Thu
追逐	(动)	zhuīzhú	to pursue; chase	5—Mon
锥子	(名)	zhuīzi	awl	7—Mon
咨询	(动)	zīxún	to consult	8—Tue
自助餐	(名)	zìzhùcān	buffet	8—Fri
粽子	(名)	zòngzi	glutinous rice dumpling	7—Mon
走红	(动)	zǒuhóng	have one's moment	8—Wed
组委会	(名)	zǔwěihuì	organizing committee	8—Mon
最	(副词)	zuì	the most	2—Wed
最初	(名)	zuìchū	the very beginning	10—Fri
遵守	(动)	zūnshǒu	to obey(rules, laws, orders and so on)	5—Mon
作品	(名)	zuòpǐn	works (of art)	10—Thu

专有名词 Proper names

B

包头	Bāotóu	name of a place in Neimenggu autonomous region in China	5—Fri
北京大学百年讲堂观众厅	Běijīng Dàxué bǎinián jiǎngtáng guānzhòngtīng	Peking University's Centennial Memorial Hall	8—Tue
北京大学会议中心	Běijīng Dàxué Huìyì Zhōngxīn	Peking University's conference Centre	8—Tue
碧水丹山茶艺馆	Bìshuǐdānshān Cháyì guǎn	name of a teahouse in Beijing	3—Tue
北三环	Běisānhuán	north Sanhuan	8—Thu

C

长沙	Chángshā	name of a place in Hunan province in China	5—Fri

D

端午节	Duānwǔjié	Dragon Boat Festival	7—Mon

G

广州	Guǎngzhōu	name of a place in Guangdong province in China	5—Fri
桂林	Guìlín	name of a place in Guangxi province in China	5—Fri
贵阳	Guìyáng	name of a place in Guizhou province in China	5—Fri

H

| 衡阳 | Héngyáng | name of a place in Hunan province in China | 5—Fri |
| 湖南理工大学 | Húnán Lǐgōng Dàxué | Hunan University of Science and Technology | 1—Wed |

J

| 九龙 | Jiǔlóng | name of a place in Hongkong | 5—Fri |

K

| 昆明 | Kūnmíng | name of a place in Yunnan province in China | 5—Fri |

N

| 南宁 | Nánníng | name of a place in Guangxi province in China | 5—Fri |
| 宁夏 | Níngxià | name of a province in China | 7—Fri |

S

三亚	Sānyà	name of a place in Hainan province in China	5—Fri
上海东方大鲨鱼CBA	Shànghǎi Dōngfāng Dàshāyú	Shanghai Sharks	9—Mon
深圳	Shēnzhèn	name of a place in Guangdong province	1—Mon
沈阳	Shěnyáng	name of a place in Liaoning province in China	5—Fri
苏	Sū	the abbreviation of Jiangsu Province	3—Thu
苏州	Sūzhōu	name of a city in Jiangsu Province	3—Thu

W

| 无锡 | Wúxī | name of a city in Jiangsu Province | 3—Thu |

X

| 西城区 | Xīchéng Qū | Xicheng District | 3—Tue |
| 休斯顿火箭 | Xiūsīdùn huǒjiàn | Houston Rockets | 9—Mon |

Y

亚运村	Yàyùncūn	name of a place in Beijing	4—Mon
元宵节	Yuánxiāojié	Lantern Festival	7—Tue
越剧	Yuèjù	Shaoxing opera[prevalent in Chekiang and Shanghai]	11—Fri
月坛南街	Yuètán Nán Jiē	name of a street in Beijing	3—Tue
月坛派出所	Yuètán Pàichūsuǒ	name of a police station in Beijing	3—Tue

Z

| 湛江 | Zhànjiāng | name of a place in Guangdong province in China | 5—Fri |
| 中央芭蕾舞团 | Zhōngyāng bālěi wǔtuán | Central Ballet Group | 8—Tue |

补充词语 Added words

B

北京赛区	Běijīng sàiqū	Beijing Regional Competition	8—Mon
毕婚族	bì hūn zú	people who get married as soon as they graduated from college	12—Thu

C

持卡须知	chíkǎ xūzhī	Cardholder Information	1—Thu

D

大学英语六级	dàxué yīngyǔ liùjí	College English Test Band 6	1—Tue

G

个人简历	gèrén jiǎnlì	resume	1—Tue
个人名片	gèrén míngpiàn	personal or business cards	1—Mon
贵宾卡	guìbīn kǎ	VIP card	1—Thu

H

黄脸婆　huángliǎnpó　generally refers to some middle-aged married women, as a result of many trivial things in life and no time to attend their own appearance, resulting in relatively aging face looks.　　12—Mon

J

家庭所在地	jiātíng suǒzàidì	home place	1—Mon
交响乐团	jiāoxiǎng yuètuán	symphony orchestra	8—Tue

L

两口之家	liǎng kǒu zhī jiā	family of two	12—Fri

P

培训班	péixùnbān	training class	10—Tue
普通话二级甲等	pǔtōnghuà èrjí jiǎděng	Two-level Mandarin	1—Tue
普通中等教育	pǔtōng zhōngděng jiàoyù	regular secondary education	10—Mon

Q

妻管严	qī guǎn yán	a henpecked husband	12—Wed

S

三局二胜制	sān jú èr shèng zhì	if you win two games in three, you win	9—Tue
三口之家	sān kǒu zhī jiā	a family of three	12—Fri
商贸英语	shāngmào yīngyǔ	Business English	1—Wed
10米跳台	shímǐ tiàotái	ten-meter platform	9—Thu
世界模特大赛	Shìjiè mótè dàsài	Model of the world	8—Mon
手工才艺展示活动	shǒugōng cáiyì zhǎnshì huódòng	the exhibition of hand-talent	10—Thu
四世同堂	sìshì tóngtáng	four generations under one roof	12—Fri

T

特殊教育学校	tèshū jiàoyù xuéxiào	special education school	10—Thu

X

销售经理	xiāoshòu jīnglǐ	sales manager	1—Mon
小学教育	xiǎoxué jiàoyù	primary school education	10—Mon
学校所在地	xuéxiào suǒzàidì	School Location	1—Mon

Y

一年之计在于春	yì nián zhī jì zàiyú chūn	the whole year's work depends on a good start in spring	2—Tue
幼儿教育	yòuér jiàoyù	infant education	10—Mon
预存消费	yùcún xiāofèi	prestore consumption	1—Thu

Z

招生简章	zhāoshēng jiǎnzhāng	school admission brochure	10—Tue
职业高中	zhíyè gāozhōng	vocational high school	10—Mon
中专	zhōngzhuān	technical secondary school	10—Mon
主妇	zhǔfù	housewife	12—Mon
自荐信	zìjiàn xìn	Self Recommendation Letter	1—Wed

附录二

语言点

第一周 我是一个开朗的女孩
所在地 / 2
系 / 4
能 / 4
通过 / 6
不仅……而且 / 6
V+过 / 6
只 / 8
更+adj. / 8
有时候……,有时候…… / 10
且 / 11

第二周 春天到了,花开了
但…… / 16
于是 / 17
动态助词"了" / 18
位于 / 19
只是 / 19
一……就…… / 21
像……一样 / 21
A比B+形容词 / 23
号称 / 23

第三周 南甜、北咸、东辣、西酸
仅…… / 28
限…… / 28
以……为准 / 28
于(介词) / 30
拥有 / 30
以及(连词) / 30
达 / 31
必不可少 / 32

如果……的话 / 33
只有……才 / 34
本来 / 34
跟……(不)一样 / 34

第四周 让镜子变干净的办法
至 / 40
才 / 41
各 / 41
常常 / 42
先……再…… / 43
也许 / 44
……的时候 / 44
再说 / 45
根本不/没 / 45

第五周 自觉遵守乘车秩序
……以内 / 52
以免…… / 52
离…… / 53
提前 / 53
遇见 / 55
怎么 / 55
由于 / 57
看起来 / 57
……之间 / 59

第六周 人们越来越重视健康
刚才 / 66
越来越…… / 67
为了…… / 67
不料 / 68

在……下 / 69
不妨 / 69
对于 / 70
并非 / 70
就 / 71
最好 / 72

第七周　春节倒贴"福"字
仍然 / 78
与……相反 / 78
给……提供…… / 79
顺便 / 79
正好 / 80
在……的同时 / 81
干脆 / 81
如果……就…… / 82
随着…… / 82
……之一 / 84
除此之外 / 84

第八周　去钱柜唱歌
以上 / 90
并且 / 90
持续 / 90
主办 / 92
团 / 92
厅 / 92
V + 着 / 93
因 / 94
被称为 / 94
被认为 / 94
自……至今 / 96
V+在 / 96
提到 / 97
没有人不 / 97
A还是B / 97

第九周　中国跳水梦之队
最 / 104

如下 / 105
否则 / 106
成立于 / 107
从……到 / 107
在……中 / 108
从……起 / 109
被公认为是 / 109
不但……而且 / 111
被……折服 / 111
流派 / 111
据了解 / 111

第十周　儿子最爱听我讲故事
包括 / 118
属于 / 118
一部分…… 一部分…… / 118
V+得 / 120
更 / 120
比如……等等 / 122
（在）……后 / 122
数词+多+量词 / 124
是……的 / 124
是用……做成的 / 124
一半 / 126
不得不 / 126
一天比一天+adj / 126

第十一周　弄堂是上海的精髓
……左右 / 132
以……为主 / 134
要是 / 134
走走 / 135
不是……吗？/ 135
作为 / 137
没有A也就没有B / 138
曲曲折折 / 138
V+着 / 138
V+来+V+去 / 139

第十二周　金婚老夫妇的地铁婚礼
无一例外 / 146
第一个 / 146
好不容易 / 148
一转眼 / 148
没什么不好的 / 149
而且 / 150

让 sb 做某事 / 150
连……都 / 151
只有 / 151
把……当做 / 152
（虽然）……但是（可是）/ 153
越 A 越 B / 153
甚至 / 153